Julie Ann Otis

Sermons of the Real
Sermones de lo real

Traductores:

Daisy Novoa Vásquez
Carlos Velásquez Torres
Leonardo Nin
Jonathan Bennett

Nueva York, 2019

Title: Sermons of the Real / Sermones de lo real

ISBN-13: 978-1-940075-74-7
ISBN-10: 1-940075-74-2

Translations:
© Daisy Novoa Vásquez
© Carlos Velásquez Torres
© Leonardo Nin
© Jonathan Bennett
Design: © Ana Paola González
Cover & Image: © Jhon Aguasaco
Editor in chief: Carlos Aguasaco
E-mail: carlos@artepoetica.com
Mail: 38-38 215 Place, Bayside, NY 11361, USA.

© Sermons of the Real / Sermones de lo real, 2019 Julie Ann Otis
© Sermons of the Real / Sermones de lo real, 2019 for this edition Artepoética Press

All rights reserved. No part of this publication may be reproduced, distributed, or transmitted in any form or by any means, including photocopying, recording, or other electronic or mechanical methods, without the prior written permission of the publisher, except in the case of brief quotations embodied in critical reviews and certain other noncommercial uses permitted by copyright law. For permission requests, write to the publisher, addressed "Attention: Permissions Coordinator," at the address below: 38-38 215 Place, Bayside, NY 11361, USA

Todos los derechos reservados. Esta publicación no puede ser reproducida, ni en todo ni en parte, ni registrada en o transmitida por, un sistema de recuperación de información, en ninguna forma ni por ningún medio, sea mecánico, fotoquímico, electrónico, magnético, electroóptico, por fotocopia, o cualquier otro, sin el permiso previo por escrito de la editorial, excepto en casos de citación breve en reseñas críticas y otros usos no comerciales permitidos por la ley de derechos de autor. Para solicitar permiso, escríbale al editor a: 38-38 215 Place, Bayside, NY 11361, USA.

Contents / Contenido

Introduction	7	Introducción	11
Preface	15	Prefacio	19
Sermon of Myself	22	El sermón de mí misma	23
No One Wants a Wild Child	24	Nadie quiere una niña salvaje	25
If I Claim You As My City	28	Si ahora te reclamo como mi ciudad	29
The Day After	30	El día después	31
Becoming the Real You	32	Convertirte en tu verdadero	33
Alchemy	34	Alquimia	35
For Sara	40	Para Sara	41
Intersection	42	Intersección	43
An Empty Beehive	46	Una colmena vacía	47
The Evangelical Materialist	48	La materialista evangélica	49
A Promise to the Me of Then	52	Una promesa al yo de entonces	53
Consumables	54	Consumibles	55
Napoleon	56	Napoleón	57
Mollified	58	Apaciguada	59
Toad	60	Sapo	61
Foundation	62	Cimiento	63
Our Eyes Share a Knowing Look	66	Nuestros ojos comparten...	67
The Intuitive Grammarian	68	La filóloga intuitiva	69
In the City of BFE	72	En la ciudad en la mitad de la nada	73
The Throne	74	El trono	75
The Fool Moon	78	La luna tonta	79
The Poem I'll Never Write	80	El poema que nunca escribiré	81
Glory	86	Gloria	87
Before Dawn	88	Antes del amanecer	89
The Art of Witnessing	90	El arte de testificar	91
How to Fight	92	Cómo luchar	93
Show Us	94	Muéstrenos	95
Narrator	98	Narrador	99
What is Already Gone	100	Lo que ya se ha ido	101

Whole	104	Entera	105
Shoulders	106	Hombros	107
Ode to the Bus Driver	110	Oda al conductor del autobús	111
Dear Abby	114	Querida Abby	115
You Cannot Whip Tenderness	120	No puedes azotar ternura	121
A Poem for the In Between	124	Un poema para el intermedio	125
The Work	126	La labor	127
Reach	128	Alcance	129
Battle of Wounded Knee	130	Batalla de Wounded Knee	131
Avocados	134	Aguacates	135
Dandelions	136	Dientes de león	137
O.V.E.L.	138	O.V.E.L.	139
In Grain	140	En grano	141
Violets	144	Violetas	145
oh! and all at once	146	¡Oh! y todo de una vez	147
Jamie	148	Jamie	149
Just Wait	152	Solo espera	153
Lyralen	154	Lyralen	155
Tidal	156	A la marea	157
Skilled	160	Hábil	161
Fuck Firsts	162	Que se joda lo primero	163
Drone	164	Drone	165
Even the Best of Us	170	Hasta los mejores de nosotros	171
Fleeting	172	Fugaz	173
You're Only Half Here Today	174	Estás solo a medias hoy aquí	175
Benediction	178	Bendición	179
Acknowledgements	180	Agradecimientos	181

Introduction

On the steps of the Museum of Fine Arts in Boston, during the summer gala of 2014, Julie Ann told me of her recent travels to Bali, studying healing, spiritual, and creative arts all through the lens of somatic practice. As I listened to her passion as she spoke, I saw an artistic woman, a spirit drawn to beauty, and a welcoming and generous person. What I did not know at the time was there was still much to unravel and discover.

Five years later, upon reading *Sermons of the Real* for the first time, I was amazed to notice how much I still needed to learn about Julie Ann. Although I met her when she was writing this collection, I didn't realize how much she was going through at that point in her life. Human beings are funny in that sense; we are like chameleons– able to reveal specific layers to different people in order to shape the story we want to tell about ourselves. There is something resonant in Julie Ann's poems about this aspect of human relationships. Although, in essence, her poetry clearly evokes a truth lived by the poet that has captivated and defined her, each poem draws the landscape of a story for us, the readers, and invites us to let the context color our lives and how we define ourselves.

Given that Julie Ann had never shared with me the trauma and healing out of which this collection was born, when I first read many of the poems, I wondered if they were autobiographical or simply channeling the experiences of other women. It was only after reading the whole collection that I realized that all of the poems are about her, deeply personal and articulating her immediate experience, but also delving and tapping into our universal human experience.

Translating part of this collection allowed me to return to the poems to take in deeper readings each time, and although I come from a different culture, each reading revealed new layers of the poems that touched my own life, my knowledge of American culture, and the limits of languages. Many of Julie Ann's poems have diverse meanings that can be uncovered upon re-reading. Her work shows the ability to turn memories, some of violence and injustice, into powerful and eclectic sermons through complex literary constructions that are born in an organic and honest way. Her poems combine beauty, horror, truth and strength, and in many cases they are spaces of personal contemplation and that of the other. That is to say, her writing is a visceral aesthetic exercise where introspection and feminine resistance are recorded, and also where the spiritual and moral fiber of men and women who touched the life and consciousness of the poet are scrutinized.

Similar to Julie Ann's first chapbook, *elastic communion*, the poems in this collection are deep but punctuated with some humor. They are familiar in such a way that they allow the reader to receive them in resonance with his/her unique personality and individual experience. In *Sermons of the Real*, Julie Ann exposes an even more intense gift of intimacy and vulnerability through her poems. She also provides a deeper connection with her experiences as a woman in the United States and speaks in a way, whether direct or stratified, about rape culture, misogyny, and the subtlest forms of sexism.

Julie Ann Otis' care and sincerity are obvious in her poems. She comes from an inner place that she projects outward. In this book, there is a tone that flows and flourishes with an authentic, unpretentious Midwestern love. Furthermore, her poetic voice is almost old-fashioned in its compassion, evoking some faith-fed roots. Although Julie Ann is a remarkably intelligent and analytical woman, her poetry is not an act of architecture. There are no constructions here; there is only love and honesty. I would encourage you to bask in each poem and return to them as meditations that grow over time and that allow you to discover and rediscover this artist and yourself.

Daisy Novoa Vásquez
Boston, MA 2019

Introducción

En las escalinatas del Museo de Bellas Artes de Boston, durante la gala de verano 2014, Julie Ann me contó sobre sus recientes viajes a Bali, sus estudios sobre artes de sanación, espirituales, y creativas, todo a través del lente de la práctica somática. Mientras escuchaba su pasión al hablar observé a una mujer artística, a un espíritu atraído por lo bello, a una persona acogedora y generosa. Lo que no sabía en ese momento era que todavía había mucho que desentrañar y descubrir.

Cinco años después, al leer por primera vez *Sermons of the Real*, fue increíble notar cuánto me faltaba aprender todavía sobre Julie Ann. Aunque la conocí cuando ella estaba escribiendo esta colección, no me di cuenta de todo lo que estaba pasando en su vida. Los seres humanos son graciosos en ese sentido; somos como camaleones, capaces de revelar diferentes capas a diversas personas para dar forma a la historia que queremos contar acerca de nosotros mismos. Hay algo resonante en los poemas de Julie Ann acerca de las relaciones humanas. A pesar de que, en esencia, su poesía evoca claramente una verdad vivida por la poeta que la ha definido y cautivado, cada poema dibuja el paisaje de una historia para nosotros, los lectores, y nos invita a dejar que el contexto coloree nuestras vidas y cómo nos definimos.

Debido a que Julie Ann nunca había compartido conmigo el trauma y la sanación de la cual esta colección ha nacido, me pregunté, cuando leí por primera vez muchos de los poemas, si ellos eran autobiográficos o simplemente canalizaban la experiencia de otras mujeres. Fue solo después de leer la colección completa que me percaté que todos los poemas son acerca de ella, profundamente personales y articulan su experiencia inmediata pero también ahondan y aprovechan nuestra experiencia humana universal.

Traducir parte de esta colección me permitió retornar a los poemas para profundizar en ellos cada vez más, y aunque yo provengo de una cultura diferente, cada lectura develó nuevas capas de poemas que tocaron mi propia vida, mis conocimientos de la cultura norteamericana y los límites de los idiomas. Muchos de los poemas de Julie Ann tienen niveles de significado que pueden ser descubiertos a partir de diferentes relecturas. En su trabajo se ve la capacidad de convertir memorias, algunas de violencia e injusticia, en sermones poderosos y eclécticos mediante complejas construcciones literarias nacidas de forma orgánica y honesta. Sus poemas conjugan belleza, horror, verdad y fuerza, y en muchos casos son espacios de contemplación personal y del otro. Es decir, su escritura es un ejercicio estético visceral donde se registra la introspección, la resistencia femenina e igualmente se escudriña la fibra espiritual y moral de hombres y mujeres que tocaron la vida y conciencia de la poeta.

Similar al primer cuadernillo de Julie Ann, *elastic communion*, los poemas de esta colección son profundos pero puntuados con algo de humor. Son íntimos en la manera que permiten al lector recibirlos en resonancia con su singular personalidad y experiencia individual. En *Sermons of the Real*, Julie Ann nos permite primordialmente un regalo aún más intenso de intimidad y vulnerabilidad que fluye a través de sus poemas. Ella provee una conexión más profunda con sus experiencias como mujer en Estados Unidos, y habla de manera, ya sea directa o estratificada, de la cultura de la violación, la misoginia, y las formas sutiles del sexismo.

El cuidado y la sinceridad de Julie Ann Otis son obvios en sus poemas. Ella viene de un lugar interior que se proyecta hacia fuera. En este libro, hay un tono que fluye y florece con un auténtico y nunca pretensioso amor del medio oeste americano. Además su voz poética tiene matices de antaño en su compasión, evocando ciertas raíces alimentadas por la fe. Aunque Julie Ann es una mujer notablemente inteligente y analítica, su poesía no es un acto de arquitectura. No hay construcciones aquí, solamente hay amor y honestidad. Yo aliento a deleitarse lentamente con cada poema y regresar a ellos como meditaciones que se acrecientan con el tiempo, y nos permiten descubrir y redescubrir a esta artista y a nosotros mismos.

Daisy Novoa Vásquez
Boston, MA 2019

Preface

Every existential crisis leaves a paper trail. This is that paper trail for me.

This collection of poetry was written in the wake of everything in my life having fallen apart. I walked away from my job, my husband, my house, my social circle, my car, even my fichus tree. It didn't happen overnight, but it did happen at breakneck speed — 18 months for an entire nuclear explosion to blossom and a new universe of identity to big bang into existence. These poems, almost all written between February and August of 2014, are a smattering of the hundreds of writings that came pouring out of me that year. They grew from the tilled soil of all the broken bits of my past life, signaling who I would later become.

So what happened? In 2011, I had a huge awakening. The parts of me that were spiritual, sexual, and creative woke up as if they had been in a coma, exploding at a pace that far outmatched my analytical mind. The process of integrating these parts of myself and then allowing them to be primary, at the core of who I am, was a process of letting go of the wheel of a runaway train. There was no stopping it. There wasn't even a chance of slowing it down. It was like learning to ride a wild river – unstoppable in its hunger for spiritual, sexual, and creative expression. The only solution was to give in and balance the best that I could. It was the most painful year of my life; so painful that I had to begin believing in God because someone had to be blamed for the hell I was going through. I reckoned with sexual trauma, with subverted and sublimated creativity and sexuality, and with the life structures I had chosen to keep me safe in the wake of these.

Luckily, I had an incredible family, co-workers, friends, and spiritual counselors who supported and believed in me through this process. As I healed from these wounds, poetry began pouring out of me. Since my awakening in 2011, that's how it's always been: Writing poetry is riding poetry, a "conduiting" process for letting the poem through. It's the same for me as being on a meditation cushion; allowing what's present to flow like water through a tap. The poems that showed up taught me how to have faith. They taught me how to be angry. They taught be how to be playful. And just as my poems do now, they showed me new ways to love.

At the time this collection was written, I was taking a leap and taking a year, 2014, to travel and explore every body-based practice I could find in the creative arts, healing arts, and spiritual arts. I began in Bali, where creative, healing, and spiritual practices are all one and the same. I explored Focusing-oriented therapies, Buddhist teachings on satipaṭṭhāna, contemplative dance, and devised physical theater. I discovered (or remembered) that I am a healer, a spiritual leader, and an artist. Although we talk about these things in the west as if they are separate, really, they are all the same thing.

In the years before writing these poems, I lost or gave up almost everything I knew. It was hands down the scariest experience of my life, but in retrospect, there was never anything to be afraid of. Isn't that so much easier to say years later, once the equilibrium has returned, the house has been rebuilt, the identity reconstructed? I hope you'll read this collection as a reassurance from the future that it is coming for you, and that it's nothing to be afraid of. To the contrary, the future is every perfect ending you never could have hoped for.

Prefacio

Cada crisis existencial deja tras de sí un rastro de papel. Este es el rastro de papel que me concierne.

Esta colección de poesía fue escrita en el despertar total en mi vida, mientras todo se despedazaba. Dejé mi trabajo, a mi esposo, mi casa, mi círculo social, incluso a mi árbol de ficus. Esto no pasó de la noche a la mañana sino que sucedió vertiginosamente; dieciocho meses desde una completa explosión nuclear, al florecer y a un nuevo universo de identidad, al *Big Bang* de la existencia. Estos poemas, casi todos escritos entre febrero y agosto de 2014, son los rudimentos de cientos de escritos que manaron de mí ese año. Crecieron de la tierra labrada, compuesta por todos los fragmentos de mi vida pasada, señalando el rumbo de quien me llegaría a convertir.

¿Entonces, qué pasó? En 2011, tuve un enorme despertar. Las partes de mí que eran espiritual, sexual, y creativa despertaron como si salieran de un gran coma, explotando a un ritmo que superaban con creses a mi mente analítica. El proceso de integración de estas partes de mi ser y el permitirles luego ser primordiales, en el núcleo de lo que yo soy, fue un proceso de dejar ir la rueda de un tren que se escapa. No había forma de detenerlo. No existía siquiera la oportunidad de aminorarlo. Era como aprender a montar un río indomable; irrefrenable en su hambre por la expresión espiritual, sexual y creativa. La única solución era ceder y balancearlo lo mejor posible. Fue el año más doloroso de mi vida; tan doloroso que tuve que empezar a creer en Dios puesto que alguien tenía que ser culpado por el infierno por el que yo estaba atravesando. Me di cuenta de mi trauma sexual, con la creatividad y sexualidad subvertida y sublimada, y con las estructuras de vida que yo había escogido para permanecer segura en el despertar de ellas.

Afortunadamente yo tenía una familia, unos colegas, unos amigos y unos consejeros espirituales increíbles quienes me apoyaron y creyeron en mí durante este proceso. Mientras yo sanaba de estas heridas, la poesía comenzó a surgir de mí. Desde mi despertar en 2011, que es como ha sido siempre: Escribir poesía es cabalgar poesía, es un proceso "canalizador" que consiste en dejar pasar el poema. Es para mí lo mismo que estar en un cojín de meditación; permitir que lo que está presente fluya como el agua por entre un grifo. Los poemas que aparecieron me enseñaron como tener fe. Me enseñaron como tener rabia, como ser juguetona. E igual como mis poemas lo hacen ahora, aquellos me mostraron una nueva forma de amar.

Al momento en que esta colección fue escrita, yo estaba dando un salto y tomando un año, el 2014, para viajar y explorar cada práctica basada en el cuerpo que yo pudiera encontrar en las artes creativas, de sanación y espirituales. Comencé en Bali, donde las artes creativas, curativas y espirituales son una y la misma. Exploré las terapias orientadas en la focalización, las enseñanzas budistas de *satipaṭṭhāna*, la danza contemplativa, y el teatro físico ideado. Descubrí (o recordé) que soy una sanadora, una líder espiritual, y una artista. Aunque en occidente hablamos de estas cosas como si fuesen separadas, en realidad todas son la misma cosa.

Por los años anteriores a la escritura de estos poemas, perdí o renuncié a prácticamente todo lo que conocía. Fue sin duda la experiencia más aterradora de mi vida, pero en retrospectiva, nunca hubo nada por lo cual temer. ¿No es mucho más fácil decirlo años después, una vez el equilibrio ha regresado, la casa ha sido reconstruida y la identidad reedificada? Tengo la esperanza que usted lea esta colección como la garantía del futuro que se le depara, y que no hay nada por lo cual temer. Por el contrario, el futuro siempre tiene un final perfecto que usted nunca hubiera esperado.

(Traducido por Carlos Velásquez Torres)

SERMON OF MYSELF

this is the sermon of myself
the sermon of my life
so unscripted no one can see
we walk briskly on streets of gold

this is the song of my body
the song of my being
so alive and aloud
its notes are the air I breathe

this is the gospel of the true-hearted
through trial and triumph found
all suffering seen and witnessed
all broken mended now

El sermón de mí misma

este es el sermón de mí misma
el sermón de mi vida
sin guiones, nadie se da cuenta
que enérgicos caminamos en calles de oro

esta es la canción de mi cuerpo
la canción de mi ser
tan viva y fuerte
sus notas son el aire que respiro

este es el evangelio
de aquellos de corazón sincero
a través de pruebas y triunfos encontrado
todo el sufrimiento visto y presenciado
todo lo roto enmendado ahora

(Traducido por Daisy Novoa Vásquez)

No One Wants a Wild Child

No one wants a wild child anymore
with purple hair and dirt-stained knees
no one wants a yeller, a crier, a sinner
a girl who rides barefoot in her bathing suit

they're hiring for princesses, fashionistas,
middle management
no one wants an artist with wicked crazy dreams

there's no market for mudpies
or questions without answers
no one's paying for advice about how
to turn and be still

but I am buzzing quietly
on belonging
in the garden
though the tide won't turn for centuries
maybe longer than that still

when the rivers become oceans
we've lost basements, attics, skyscrapers
will we bend to earth instead
for the healing that we crave

perhaps a little flower with
a rescued swimming worm
will stop and tell your fortune
for you are fortunate indeed

Nadie quiere una niña salvaje

Ya nadie quiere una niña salvaje
con el pelo morado y las rodillas sucias
nadie quiere una gritona, una llorona, una pecadora
una niña que anda descalza en su traje de baño

están contratando princesas, fashionistas,
gerencia media
nadie quiere una artista con sueños
perversamente locos

no hay mercado para pastelitos de lodo
o preguntas sin respuestas
nadie está pagando por consejos sobre
cómo girar con gracia y estarse quieta

pero estoy resonando en pertenecer
tranquilamente
en el jardín
aunque la marea no cambiará por siglos
tal vez incluso por mucho más tiempo

cuando los ríos se conviertan en océanos
habremos perdido sótanos, áticos, rascacielos
¿nos acercaremos a la tierra
por el alivio que anhelamos?

tal vez una pequeña flor
con un gusano rescatado
parará y te dirá tu fortuna
pues eres de verdad afortunada

she will bend your ear to blessing
though her clothes are worn from playing
you will see her gleeful beaming
filled with life that's not yet lived

and at last we'll want the broken
the wild and discarded
we will rebuild the heartbreak slowly
to a world, muddy and whole

ella te hablará sin reparo y será una bendición
aunque su ropa esté gastada por jugar
la verás alegremente y radiante
llena de vida aún no vivida

y por fin querremos lo estropeado
lo salvaje y descartado
lentamente reconstruiremos el sufrimiento
a un mundo, embadurnado y entero

(Traducido por Daisy Novoa Vásquez)

If I Claim You As My City

If I claim you as my city now
will I be too little and too late
to love you as I wanted to
for so many years

Until you were wounded
I didn't know you were mine
each concrete slab and worked upon face
how did I never see my neighbor

Like a swarm of ants on a watermelon
dropped from 50 flights up
the men stir and swim and draw swords
but the ghosts of our enemies are all that remain

Were you my home before you were bleeding
did I truly love you 'til now
trace cracks in sidewalks
count mile upon mile run
yet I still feel as though I can't plant down
knives twist in my gut but never cut skin
my brethren fallen, yet strangers to me still

Can I face a sunny day with you
see clouds pass over your beauty
where I'd walked so carelessly
thinking you were only on my way

Sɪ ᴀʜᴏʀᴀ ᴛᴇ ʀᴇᴄʟᴀᴍᴏ ᴄᴏᴍᴏ ᴍɪ ᴄɪᴜᴅᴀᴅ

¿Si ahora te reclamo como mi ciudad
sería muy poco y muy tarde
para amarte como yo querría
durante tantos años?

Hasta que fuiste herido,
no sabía que eras mío
cada bloque de concreto y cara maquillada
¿Cómo nunca he visto a mi vecino?

Como un enjambre de hormigas en una sandía
cayó desde 50 pisos
los hombres se revuelven, nadan y desenfundan
espadas
pero los fantasmas de nuestros enemigos son todo lo
que queda

¿Estabas en mi casa antes de sangrar
realmente te amé hasta ahora
rastrear grietas en la acera
contar milla tras milla correr?
¡Pero todavía siento que no puedo reclamarte!

Cuchillos se tuercen en mi intestino, pero nunca
cortan la piel
mis hermanos caídos
aún extraños para mí todavía

¿Puedo enfrentar un día soleado contigo
ver nubes pasar sobre tu belleza
donde había caminado tan descuidadamente
pensando que solo estabas en mi camino?

(Traducido por Jonathan Bennett)

The Day After

Funny how buses keep running the day after
the milk gets delivered
the dogs get walked

we're just a little quieter that first day
when there's not much help to offer
the rubble's all been cleared
no running to save or calling for help

we can't quite water cooler our thoughts
to share the small talk today
mighty pangs of sorrow
and sparks of anger fly
we hunt for a villain
we imagine the worst

Spring blossoms new tulips
colors we've never seen before
but the sparrow's song's the same
and the bike bell
and the grocery list
just a bit more precious in this wake

El día después

Es gracioso como los buses se mantienen
funcionando el día después
la leche sigue entregándose
los perros son paseados

somos un poco más silenciosos que el primer día
cuando no hay mucha ayuda para ofrecer
los escombros se han limpiado
no más carreras de salvamento o llamadas de auxilio

no podemos descender a lo cotidiano nuestros
pensamientos
para compartir hoy la charla pasajera
poderosos espasmos de pena
y vuelan chispas de rabia
buscamos al villano
nos imaginamos lo peor

la primavera florece en tulipanes nuevos
colores que nunca antes vimos
pero el canto del gorrión es el mismo
y la campanilla de la bicicleta
y la lista del mandado
solo un poco más valiosos en este despertar

(Traducido por Carlos Velásquez Torres)

Becoming the Real You

Becoming the real you will not require
a new wardrobe
you will not need to purchase a yoga mat
you won't need a welcoming committee
or a new line of thinking

She'll just show up at a party
and take you with her ten minutes later
there's a song at home
she needs to finish
or some beautiful threads in the rug
she's not yet seen

She hasn't bothered with your schedule,
presented her findings or issued a press release
becoming the real you won't be
jumping into the deep end

In a still, small moment
you'll realize you forgot eyeliner
or to switch the wash
or to go to grad school
and it's fine
and she's you

Convertirte en tu verdadero yo

Convertirte en tu verdadero yo no requerirá
de un guardarropa nuevo
no necesitarás comprar una estera de yoga
no necesitarás un comité de bienvenida
o una nueva manera de pensar

Ella tan sólo aparecerá en una fiesta
y te llevará con ella diez minutos después
en su casa hay una canción
que necesita terminar
o algunos hermosos hilos en la alfombra
que ella aún no ha visto

Ella no se ha molestado con tu horario
o en presentar conclusiones
o emitir un comunicado de prensa
convertirte en tu verdadero yo
no será saltar hacia el infinito

En un momento tranquilo, breve
te darás cuenta
de que olvidaste el delineador
o de cambiar la ropa del lavado
o de hacer tu maestría
y está bien
y ella eres tú

(Traducido por Daisy Novoa Vásquez)

Sermons of the Real / Sermones de lo real

ALCHEMY

The wonderful thing about a bar
especially if it's made of oak
and especially if the 'tenders wear ties
and especially if there's more than one
hostess wearing pearls
the truly wonderful thing about
a really top-notch bees-knees bar
is the mirror
aaaaah

In the mirror you can see the gold banisters
which have been polished to a high sheen
leading up to the table of four
on the upper level where
the twelve year-old is pitching a fit
and pushing 'round peas
and her mother is playing footsie
with a man who most certainly
has not told his wife yet

You can see the laugh lines
and the embedded crow's feet
in the career waitress who has put up with
more shit from bussers and dishwashers
and managers and entitled muckety mucks
than you and I ever will in our
combined lifetimes

The mirror shows the soft hands of a man
who has only lifted pens and eyebrows

Alquimia

La mejor parte de un bar,
especialmente si está hecho de roble,
si los camareros visten corbatas,
y sobre todo, si hay más de una mesera
luciendo perlas
lo realmente maravilloso de un
exquisito bar de alta categoría
es el espejo
¡aaaah!

En el espejo pueden verse las barandillas doradas
pulidas en fulgurante brillo
hacia la mesa de cuatro
del nivel alto donde
el niño de doce hace berrinches
tirando guisantes
y su madre juega al roce de pies
con un hombre, el que ciertamente,
aún no le ha dicho a su esposa

Puedes ver las muecas de sonrisas
y las patas de gallina
en el rostro de la mesera de profesión
que soporta más de lo que debe de los limpia mesas,
de los lavaplatos, administradores de burlas
/pretenciosas
que ni tú ni yo escucharemos nunca
aun combinando nuestras vidas

El espejo muestra la mano suave del hombre
quien solo ha levantado lápices y cejas

Sermons of the Real / Sermones de lo real

and sadly his handicap on the links
now that his hip's replaced
and for whom racism and misogyny
are stories of long ago told by neighbors
and friends of friends
but you can also see his father in the mirror
and his father before him
from Ireland, traveling upstream
against briny cruelty
making soup from a stone
and a prayer

You see a stately gentleman
a titan of industry
smiling kindly at his son in-law's
goings on and yada yada
where to get the best steak frites
where to buy the BMW without taxes
where to move the accounts offshore
so weary
so weary of the third martini and the business of
more
but so tender toward his daughter
who brags about skiing
he nods, wistful for youth and yet
relieved of the frustration
of this accumulated life

The drunk couple appears in the mirror
such a prize indeed
they've both had the whole fish for sure
they used to know each other
or a version of what they wanted
from another when they were young

y tristemente sus hojas de apuntes del campo de golf
ahora que sus caderas has sido reemplazadas
y para quien el racismo y la misoginia
son las viejas historias contadas por los vecinos,
amigos y amigos de amigos
pero también puedes ver a su padre en el espejo
y a su padre antes de él
desde Irlanda, viajando rio arriba
contra la crueldad salada
haciendo sopa con una roca
y una oración

Tú ves a un caballero estatutario
un titan de industria
sonriendo amablemente a los bla-bla-blas
de su cuñado
alardeando donde conseguir el mejor bistec con papas
donde comprar el BMW sin impuestos
donde mover las cuentas extraterritoriales
tan agotador
tan cansado del tercer martini y negocio de lo más
pero tan cariñoso con su hija
alardeando sobre esquiar
él asiente melancólico de la juventud, sin embargo
libre de la frustración
de sus vivencias de vida acumuladas

La pareja borracha aparece en el espejo
qué gran regalo realmente
ambos han comido el pescado entero por seguro,
creían conocerse,
o al menos conocían una versión
de lo que querían del otro cuando jóvenes

they skip dessert
lean on each other and kiss
a drunken pass
they blush and fluster
their feet gone from the ground

I used to be fat and happy
I used to say I was like my father
I used to be one half of a blind drunk couple

the woman who eats too fast
and sacrifices her lipstick
the family who has never missed
a summer on the vineyard
the handsomeness and ugliness of wealth
the plates twice the size of my face
the drinks twice the size of my fist
the subtle lovely of "I shouldn't but I will"

Here I see the country club of my upbringing
the cotillion and foxtrot and waltz
over the last sip I try to linger
look farther past and future
to where I have so much but hold so little
what lines my pockets now
are these humble threadbare poems
and returning to the bar
to drink again

no piden postre
se recuestan del otro y se besan
embriagados
se sonrojan avergonzados
con los pies levantado del suelo

Yo era gorda y feliz
yo acostumbraba a decir ser como mi padre
yo me decía ser la mitad de una pareja ebria

la mujer que come demasiado rápido
y sacrifica sus labios
la familia que nunca ha faltado a un
verano en las vineyards
lo hermoso y lo feo de la opulencia
los platos dos veces el tamaño de mi cara
las bebidas dos veces el tamaño de mi puño
el calmado y amadamente expresivo de
«no debería, pero lo haré»

Aquí veo el contri-club de mi crianza
el baile de fin de año, el paso doble y el valse
sobre los últimos tragos que trato de saborear
miro más lejos de pasado y el futuro
adonde tenía tanto pero poco quedado
lo que queda en mis bolsillos ahora
son este humilde poema deshilachado
y mi retorno al bar
a seguir bebiendo

(Traducido por Leonardo Nin)

For Sara

There's a new way of doing
that waits beneath your bones
a forgotten exclamation
with no open field for landing

you till the soil
you water the earth
the gardening and blossoming are one
you swim to find your place
but the water is your destination

There's a new way of looking
that's trapped under your heels
it is the way of wheat
when it bends to the sun

as soon as you lift anchor
your new vision is unveiled
so the leaving
is your arrival once more

Para Sara

Hay una nueva forma de hacer las cosas
esperando bajo tus huesos
una exclamación olvidada
sin campo abierto para el aterrizaje

tú labras el suelo
riegas la tierra
la jardinería y florecimiento son uno
tú nadas para encontrar tu lugar
pero el agua es tu destino

Hay una nueva manera de ver
que está atrapada bajo tus talones
es el camino de trigo
cuando al sol se inclina

tan pronto levantas el ancla
tu nueva visión es revelada
así que una vez más
la partida es tu llegada

(Traducido por Daisy Novoa Vásquez)

INTERSECTION

You were in my dreams last night
a cameo as a green banana
underripe
tasting of straw
a flat scratchy palate
that made my face sour

I wish you'd been a pineapple instead
dripping, juicy and too sweet
a ticket to an island
with native weeds and sticky hands

I remember all our connecting dots
cheek to clavicle
neck to neck
hand to belly
ear to heart
scissored legs
I coiled up
you coiled down

like some heavenly throbbing sculpture
I could have laid there for days
watching the thin white curtains
floating
resisting no element

fingertip to nose
lip to lip
hand to hip, thigh between

Intersección

Estuviste en mis sueños anoche
un cameo cual plátano verde
inmaduro
con sabor insípido de paja
un paladar rasposo,
dejando mi cara amarga

Desearía en cambio
que hubieras sido una piña
goteando, jugosa y sumamente dulce
un pasaje a una isla
con maleza oriunda y manos pegajosas

Recuerdo todos nuestros puntos de conexión
mejilla a clavícula
cuello a cuello
mano a vientre
oreja a corazón
piernas entrelazadas
me enrosqué
te enrollaste

como una escultura palpitante y celestial
pude haber estado allí por días quieta
viendo las finas cortinas blancas
flotando
sin resistir ningún elemento

punta de dedos a nariz
labio a labio
mano a cadera, muslo entre medio

this slit marking tonight, this morning
the smells we imagined
in late early hours
outside the exhaust and asphalt settled
a lazy losing of one-day boundaries
whipped us both into nectar
suckling ripeness of in between hours

ese resquicio marcando la noche, esta mañana
los olores que imaginamos
en esas tardías primeras horas
lejos de la contaminación de la ciudad y el asfalto
una ociosa pérdida de los límites del día
nos amalgamó a los dos en un néctar
amamantando la maduración entre horas

(Traducido por Daisy Novoa Vásquez)

An Empty Beehive

sweet melancholy day
slick sad hours
the olives dry and cracked
waiting for new refreshment

the dull treadwater of tuesday
of monday, sunday
the midweek celebrations of leaving
beginning again
the 4 o'clock pang of midway
of nowhere

the empty ballroom a month after the wedding
how bland and thick
the spaces in between
the mopping and shuffling
not yet in sun and sand

beat poets born for this moment
can take in stale air
sniff 'round corners to the next
but I am here
declining a second drink

Una colmena vacía

dulce día melancólico
resbaladizas horas tristes
las aceitunas secas y agrietadas
esperando refrescarse nuevamente

el aburrido mantenerse a flote del martes
del lunes, del domingo
las celebraciones de despedida entre semana
el comenzar de nuevo
la angustia de las 4 de la tarde
de que casi se acaba, de la nada

El salón de baile vacío
un mes después de la boda
soso y grueso
los espacios entre medio
el trapear y arrastras los pies
aún no en el sol y la arena

poetas beats nacidos para este momento
pueden respirar este aire que no es fresco
oler las esquinas hasta el siguiente paso
pero yo estoy aquí
rechazando un segundo trago

(Traducido por Daisy Novoa Vásquez)

The Evangelical Materialist

Elizabeth, the true believer
with believing so different than my own
rock solid, ever the materialist

the evidence seeker
the knowledge builder
in minute and grand inquiry she directs
her search light

wake up the sleeping zealots, Elizabeth
bring them such solid reason
that they cannot look away
from what is real

under the painful microscope
draw the line between is and isn't
engrave in gold the facts
and shout them true

rid these dreamers of false magic
and show them where real magic lies
in the power of nature to outgrow
hotwinded myth

but save a vial or a beaker with
space enough for truth unproven
and I'll gladly seek out someday
a way for you to measure
beyond just my silent knowing

I can't strip of doubt this blessing

La materialista evangélica

Elizabeth, la verdadera creyente
con credos tan diferentes a los míos
roca sólida, siempre materialista

la buscadora de evidencia
la constructora de conocimiento
con minúscula y gran indagación ella dirige
su luz de búsqueda

despierta a fanáticos adormecidos, Elizabeth
les da razones tan sólidas
que no pueden mirar hacia otro lado
de lo que es real

bajo la inescrupulosa lupa
traza la línea entre lo que es y no es
graba en oro los hechos
y los grita como verdades

libra a estos soñadores de magia falsa
y muéstrales donde está la verdadera magia
en el poder de la naturaleza para superar
el mito encandilador

pero guarda un vial o un vaso de precipitación con
espacio suficiente para la verdad no comprobada
y con gusto buscaré algún día
una forma para que midas
más allá de mi conocimiento silencioso

No puedo desnudar de dudas esta bendición

once it's well lit I know it cannot grow
and if some mad scientist
were to pin me
on why I love you and your beauty
though you see the world outside in
and me inside out
I'd have to escape his pressing
to keep my care for you as whole
as the list of things you know

I won't betray my study of your
fiery delight of learning
by listing its components
or bibliography
instead I'll just remember
one night as I lay dying
how you brought me soup and crackers
held my face
preached of electrolytes and hydration
as I drank in your kindest care
and the medicine of your hands
unproven to you still

una vez que esté bien iluminada
sé que no puede crecer
y si algún científico loco
fuera a fustigarme con preguntas
sobre por qué te amo y tu belleza
aunque veas al mundo de fuera hacia dentro
y yo de adentro hacia afuera
tendría que escapar su insistencia
para mantener mi afecto por ti entero
como la lista de las cosas que conoces

No traicionaré mi estudio de tu
ardiente deleite por aprender
enumerando sus componentes
o su bibliografía
en vez de eso solo recordaré
la noche mientras yacía moribunda
y como me trajiste sopa y galletas
sosteniendo mi rostro
predicaste electrolitos e hidratación
mientras bebía en tu delicado cuidado
y la medicina de tus manos
aun seguía sin ser comprobada por ti

(Traducido por Daisy Novoa Vásquez)

A Promise to the Me of Then

If you are meant for me
I have not arrived at you yet

there's still some desert to walk
some berry to swell and shine

some soft shade of blue
to arrive in prairie's dawn

a winter's thaw
still to settle in my heart

Una promesa al yo de entonces

Si estás destinada para mí
no he llegado aún a ti

todavía hay algo de desierto por recorrer
alguna baya por agrandarse y madurar brillante

algún tono suave de azul
al que llegar en un amanecer de la pradera

el deshielo de un invierno
aún por resolverse en mi corazón

(Traducido por Daisy Novoa Vásquez)

Consumables

That one
she is the sweetest, ripest mango
you have bruised with your grasp
you would rid her of succulence
through your rough unthinking touch

how is it you have learned to eat
of sweetness like a pig at trough
like a junkie
a conqueror
consuming the beautiful land

when such peace dwells in your eyes
your heart and speech alike
why have your hands caught fire
to ravage so

are you in fact two men
one of being, one of eating
unable to delight as slow in taste
as in sweet thought

or perhaps that fruit so fragrant
of your primal and raw wanting
has no being in your eyes
for she's as good as eaten now

Consumibles

Aquella
ella es el mango más dulce, el más maduro
que has magullado con tu apretón
tú la despojarás de su suculencia
con tu tosco y precipitado toque

Cómo es que has aprendido a comer
de dulzura como un cerdo en el abrevadero
como un vicioso
un conquistador
consumiendo la hermosa tierra

cuando tal paz se fija en tus ojos
y en tu corazón y habla por igual
por qué tus manos se han encendido
para devastarla

eres de hecho dos hombres
un ser que es y otro que come
incapaz de deleitarse en lento gusto
como en dulce pensamiento

o tal vez esa fruta tan fragante
en tu primitivo y crudo deseo
no existe ante tus ojos
porque ya la has dado por comida

(Traducido por Daisy Novoa Vásquez)

Napoleon

In that time of Napoleon
going down for the count

did he still have one hand
thrust inside his waistcoat
just like we saw in all those oil paintings

did he feel even shorter
even more impotent
as he realized he'd gotten in too deep

did he blindly fight to the bitter end
consumed with illusions of grandeur
did he still think himself
the king of the world

did anyone pity after him, saying
he was such a nice boy
who knows where it all went wrong

he could have been a scientist

Napoleón

En aquella época de Napoleón
estando entre la espada y la pared

¿tenía todavía una mano
metida dentro de su chaleco
como vemos en todas esas pinturas al óleo?

¿se sentía aún más bajo
aún más impotente
cuando se dio cuenta de las profundidades
en las que se había adentrado?

¿luchó ciegamente hasta el amargo fin?
consumido con ilusiones de grandeza
¿aun se pensaba a sí mismo
el rey del mundo?

¿se compadeció alguien de él?, diciendo
que él era un buen muchacho
quién sabe dónde todo salió mal

él pudo haber sido un científico

(Traducido por Daisy Novoa Vásquez)

Mollified

I thirst for the desert and to be free of thirsting
for the end of the poem without the rough turns through
I want instant coffee and a super highway
and all roads leading home to you

I want daily gratification
and a bleached unblemished grin
I want two and a half kids that we'll call family
I want days never cloudy or grim

I want no crying and no funerals
no mystery no painful wonder
I want hedges without the work of trimming
and to never meet your mother

I want to escape the deep end and be shallow
to be at the wheel of a car that's always on time
I want lattés on Sunday mornings
and the housekeeper Tuesdays at nine

I want to rebury genius that keeps me running
I want back champagne and caviar and Greece
I want to rewind and take the pill of placation
I want dullness and luxury and peace

I want simple is as simple does forever
seedless cherries and double rainbows every day
to take for granted heaps of fame, looks, and cash
to ground this rolling stone for a love that will stay

Apaciguada

Tengo sed por el desierto y por ser libre de la sed
por el fin del poema sin los giros bruscos
Quiero café instantáneo y una súper autopista
y todos los caminos conduciéndome a casa, a ti

Quiero la gratificación diaria
y una blanqueada e inmaculada sonrisa
Quiero dos hijos y medio a los que podamos llamar familia
Quiero días jamás nublados ni sombríos

No quiero llanto ni funerales
ni misterio ni dolorosa presunción
Quiero setos sin lo pesado de la poda
y nunca conocer a tu madre

Quiero escapar de lo más profundo y ser superficial
para ser la rueda de un carro siempre puntual
Quiero café con leche en las mañanas del domingo
y a la persona de la limpieza los martes a las nueve

Quiero re enterrar al genio que me mantiene a las carreras
Quiero recobrar el champaña y el caviar y Grecia
Quiero rebobinar y tomar la píldora de la calma
Quiero monotonía y lujo y paz

Quiero lo simple como lo simple es
cerezas sin semilla y arcoíris dobles cada día
dar por hecho montones de fama, el look, y el dinero
para poner en tierra esta piedra rodante
por un amor que se quedará

(Traducido por Carlos Velásquez Torres)

Toad

in a world full of tadpoles
she had become a toad
how could she tell them what this new life was

to expand your lungs and sing
to breathe fresh grassy air
really, how to explain breathing at all

as they wagged their tails
she struggled to find words
let out a giant riiiiibbit
they scattered to the fray

she jumped about
winked at them
showed how to hop across
but their murky eyes still
lacked landlovers' seeing

oh how delicious the fattened flies
the perfume of the lily
still, she missed her wiggling sisters
under water

do they even feel the itch
to grow fuller, longer, free
will she wait forever
licking her warts alone

Sapo

en un mundo lleno de renacuajos
ella se había convertido en un sapo
cómo podría decirles cómo era esta nueva vida

expandir los pulmones y cantar
respirar el pastoso aire fresco
realmente, cómo explicar siquiera el respirar

mientras meneaban sus colas
ella luchó por encontrar palabras
soltó un "croac" gigante
y se dispersaron en combate

ella saltó por los alrededores
les guiñó un ojo
les mostró cómo saltar al otro lado
pero sus ojos turbios todavía
carecían la visión de los que aman tierra

oh que deliciosas las moscas gordas
el perfume del lirio
ella todavía extrañaba a sus hermanas
moviéndose bajo el agua

¿siquiera sienten la tentación
de crecer por entero, largas, libres?
¿esperará por siempre
lamiendo sus verrugas sola?

(Traducido por Daisy Novoa Vásquez)

Foundation

Downstairs, subterranean
in the belly of our foundation
past the boxes of Christmastime
and the freezer with food enough for the apocalypse

past my father's expansive train room
next door to the wine closet
was his darkroom with old photos from his youth

a picture of his bearded years
(my grandparents almost disowned him)
arm around the waist of a black girl with freckles
across her cheeks like pageantry war paint

I longed to be as beautiful and loved as she
tall and slender with hips enough
to fill out her short shorts
a cotton halter top soaking up
the muggy summer evening as they
philosophized and flirted down on the dock

I imagine them batting at
the bloodthirsty Iowa mosquitoes
as the sun set over Okoboji in July

Her hair like a crowning halo
a perfect Afro orb framing her face
and the crooked beaming smile
of unapologetic youth

Cimiento

En el piso bajo, subterráneo
está el estómago de nuestra fundación
detrás de las cajas de enseres navideños
y la refrigeradora con suficiente comida para un
apocalipsis

más allá del caro cuarto de trenes de mi padre
al lado de la puerta de la bodega de vino
y el oscuro cuarto con viejas fotos de su niñez

una foto de sus años mozos de barba
(mis abuelos casi lo desheredan)
los brazos en la cintura de una chica negra pecosa
en sus mejillas exuberante pintura de guerra

Espero un día ser tan hermosa y amada como ella
alta y delgada con caderas lo suficientemente
ensanchadas para llenar sus pantalones cortos
escote alto chupando
la húmeda noche de verano mientras ellos
filosofan y coquetean, abajo, en los muelles

Me los imagino bateando a
los mosquitos sedientos de sangre de Iowa
mientras el sol se pone sobre el Okoboji en julio

Su pelo como una corona de aureola
el afro perfecto enmarcando su cara
y la chispeante sonrisa torcida
de una juventud sin arrepentimientos

I saw other pictures
empty beer can pyramids on the fireplace mantle
a late '70s Dodge, emerald green and rusting
but the one of her face, up close
showed my father's affection unchecked
drinking in her speckled beauty
and her way of thinking that had captured him so

no cynicism in the taker or the giver
black-and-white exposure
hanging there in the darkroom of our house
marking a time when my father
first began to see shades of gray
and where I developed the idea that he
had felt desire in his life
just like me

Vi otras fotos
una pirámide de latas vacías en el mantel de la chimenea
un carro Dodge del final de los 70, verde esmeralda y oxidándose
pero el reflejo en su rostro, de cerca
mostraba la inmensurable afección de mi padre
bebiendo en su marcada belleza
y esa forma de beber que lo capturaba sin remedio

sin cinismo, en toma y deja
de la toma fotográfica negra-y-blanco
colgando ahí en el cuarto oscuro de nuestra casa
marcando el tiempo cuando mi padre
empezó a ver sombras de grises
y el lugar donde yo concebí la idea de que él también tuvo deseos y fantasías,
igual que yo

(Traducido por Leonardo Nin)

Our Eyes Share a Knowing Look

Our eyes share a knowing look
a secret about the spring
about the geese returning north
and our blood flowing south

Our eyes meet and
the current ignites
one moment of electric communion
before we travel on

Our skin burns with the cool spring air
and the budding of delicious now
our mouths fill with imagined taste of the other
musky and immediate
our lips on fire and quenched by the want
of all we lay eyes on

Soak up that knowing smile
that strident gait
that clear, strong gaze
a momentary feast between us two
a lifetime's pleasure
in this grain of wheat

Julie Ann Otis

Nuestros ojos comparten una mirada de complicidad

Nuestros ojos comparten
una mirada de complicidad
un secreto sobre la primavera
sobre los gansos que regresan al norte
y nuestra sangre que fluye hacia el sur

Nuestros ojos se encuentran y
la corriente se enciende
un momento de comunión eléctrica
antes de continuar viajando

Nuestra piel arde con el aire fresco de la primavera
y el brote del delicioso ahora
nuestras bocas llenas con el sabor imaginado del otro
almizclado e inminente
nuestros labios ardiendo y saciados por el deseo
de todo en lo que ponemos los ojos encima

Embebe esa sonrisa de complicidad
ese andar estridente
esa clara y fuerte mirada
una fiesta fugaz entre nosotros dos
el placer de toda una vida
en este grano de trigo

(Traducido por Daisy Novoa Vásquez)

The Intuitive Grammarian

The intuitive grammarian
still cannot let feeling be enough
she fingers the pages for evidence
the exact box that matches inclination

at some moment long ago
when she was eight or nine and a half
someone asked her for the proof
of what she already knew

searching the cabinets of memory, sensation
the dust and light she held up in her palms would
disappear before their eyes

the lines drawn from blood logic
the tugging strings and waves of sure
invisible to these fact checkers
with their toolbox and tape measure

in time she'd build a story
a fantasy façade
that looked like sturdy structure
delineated nations
right and wrong

but the flow of inner accurate
quick as lightning
light as air
would follow spot-on through windows
crossing borders, nonchalant

La filóloga intuitiva

La filóloga intuitiva
aún no permite a los sentimientos ser suficientes
merodea sus dedos en las páginas buscando
evidencia
la caja perfecta acorde a sus inclinaciones

en algún momento distante
cuando ella tenía ocho o nueve y medio
alguien le preguntó por la prueba
de lo que ya sabía

rebuscando en los gabinetes de la memoria,
sensación
de polvo y luz ella lo mantuvo en sus palmas
desaparecería frente a sus ojos

las líneas dibujadas a pura sangre lógica
los cordeles vibrantes y ondas aseguradas
invisibles a los revisadores de información
con sus cajas de herramientas y cintas de medir

con el tiempo ella construirá una historia
una fachada fantástica
parecida a una estructura sólida
naciones delimitadas
correcto e incorrecto

pero el flujo interno preciso
rápido como relámpago
liviano como aire
seguirá justo en punto a través de ventanas
de fronteras de cruces, llenas de quietud

Sermons of the Real / Sermones de lo real

she gained credit as a scientist
showing part by part the blocks
the smallest pieces we could assemble
and break down

but still no explanation
for the feeling of a daisy
and the magic it cracked open
when her toes first threaded grass

no measure for elation
and no reasoning the treasure
of this heart and how it knows
that heartache ends

obtuvo notoriedad como científica
mostrando parte por parte los bloques
las piezas mínimas ensamblables
y por desmantelar

pero aún sin explicación
al sentir de una margarita
la magia descubierta
cuando los dedos de sus pies pisan grama

no hay mención de jubilo
ni las razones de los tesoros de
este corazón y cómo trabaja
la jaqueca termia

(Traducido por Leonardo Nin)

In the City of BFE

no sushi
no stoplights
no cocktail parties
no nine types of jeans to choose from
no indie movies
no movies at all
a one horse town
a bathroom with one stall
one diner
one waitress
one preacher
one cook
a million tumbleweeds
one man one rocker to watch them
no sheriff
no mischief
no drama
well not much
'cept the time Doug from Chicago passed through
just yellow mustard
and one gas station
the post office is the library is the town hall
no strangers
just strange family
nothin fancy
'cept a harvest moon

En la ciudad en la mitad de la nada

no hay sushi
no hay semáforos
no hay fiesta de cócteles
no hay nueve tipos de jeans para elegir
no hay películas independientes
no hay películas en lo absoluto
un pueblo de un caballo
un solo baño
una cafetería
una camarera
un predicador
un cocinero
un millón de plantas rodadoras
un hombre una mecedora para verlas rodar
no hay alguacil
no hay travesuras
no hay drama
bueno no mucho
'xcepto la vez en que Doug de Chicago pasó
solo mostaza amarilla
y una gasolinera
la oficina de correos es la biblioteca es el
ayuntamiento
no hay extraños
simplemente familias extrañas
nada elegante
'xcepto la luna de la cosecha

(Traducido por Daisy Novoa Vásquez)

The Throne

The day efficiency was throned
there was no grand parade
there wasn't time
and there certainly wasn't money

court jesters began juggling
one more ball, and then another
until juggling altogether seemed
a terrible waste indeed

The day efficiency was throned
a queen of no more than fourteen
was selected, dressed, and wed
that same day in the palace hall

nine months later came young princes
the wars more quickly running
no need to leave the throne to
slaughter those so far away

each evening skipped the candlelight
and went straight on to tomorrow
each day a flash of "check mark plus"
a list that never ends

Ah, the cooing and the forest
and the sun-kissed wheat in summer
once, all royal counsel
now unseated, where were they

El trono

El día en que la eficiencia fue entronizada
no hubo un gran desfile
no había tiempo suficiente
y ciertamente dinero tampoco

los bufones cortesanos comenzaron a hacer malabares
una bola más, luego otra
hasta que el malabarismo en sí
parecía un terrible gasto ciertamente

El día en que la eficiencia fue entronizada
una reina de no más de catorce años
fue seleccionada, ataviada y desposada
ese mismo día en el salón de palacio

nueve meses después vinieron jóvenes príncipes
las guerras iban más rápido
no hay necesidad de dejar el trono
para masacrar a los que están muy lejos

cada noche evitar la luz de las velas
e ir de inmediato al mañana
cada día un destello de "visto bueno"
una lista de nunca acabar

Ah, el susurro y el bosque
y el trigo besado por el sol en el verano
cierta vez, todo el consejo real
ahora derrocado, donde estaban

the gentle cloth of thank you
the songs we knew from home
how silenced and how senseless
we became

but a revolution's rising
against efficiency's tight reign
something's loosened and
unleashed within us all

or perhaps it was one peasant
simply rising up this morning
who in dawn's light bent
and kissed the leaves of grass

el amable paño del agradecimiento
las canciones que sabíamos de casa
qué taciturnos y sin sentido
no hemos convertido

pero una revolución se está levantando
contra el reino apretado de la eficiencia
algo se ha aflojado y
suelto dentro de todos nosotros

o quizá fue algún campesino
levantándose simplemente esta mañana
quien se inclinó a la luz del alba
y besó las hojas de la hierba

(Traducido por Carlos Velásquez Torres)

The Fool Moon

The fool moon comes and we are brimming full
the lady next to me in the drugstore
with the scroll of coupons rolling to her feet
shouts out "yahtzee!"

the Volvo turns the wrong way down the one-way
no one looks twice as he drives back asswards

everyone in Mike's Restaurant
sweating with football fever
and still shaking from the thunderstorms
that brought our trees and our walls down last night

somewhere a freshman is excited
but homesick
and I'd like to tell her, me, too
me, too
I wish I could tell her
it's just this looney luna
that makes this town
so strange tonight
but, truth is,
the air's been electric for years

La luna tonta

La luna tonta viene y quedamos rebosantes
la mujer junto a mí en la farmacia
con un rollo de cupones rodando hasta sus pies
grita ¡Bingo!

el Volvo gira en contravía por la unidireccional
nadie mira dos veces mientras él conduce de culo

todos en el Restaurante de Mike
sudando la fiebre del fútbol
aún temblando por las tormentas
que anoche derribaron nuestros árboles y muros

en algún lugar una novel estudiante está emocionada
pero añorando su casa
y me gustaría decirle, yo también
yo también
deseo poderle decir
que es solo por la luna loca
que pone a este pueblo
muy raro esta noche
pero, la verdad es que,
el aire ha estado electrificado por años

(Traducido por Carlos Velásquez Torres)

The Poem I'll Never Write

This is the poem
in which I unshame rape
and the very mention of the word
doesn't strange the whole room

This is the moment
I trust you to hear
without changing everything
you know about me

the space where I tell you what it was like
and it isn't accostingly personal
and you don't swoon in pity
or take your hand to your mouth

it's still accessible
soft and twisting
the way I bring you in through the side door
so you can see it just how it is

not a car crash
or a bloody mess
not a lost dog
or a dream deferred

it's a state of the union
made a little less sterile
it's another lovely face
on a faceless victim
one more name
for another nameless act

El poema que nunca escribiré

Este es el poema
en el que remuevo la vergüenza de la violación
y la sola mención de la palabra
no sorprende a todos en la habitación

este es el momento
que confío que escuches
sin cambiar todo
lo que sabes de mí

el espacio donde te cuento cómo fue
y no se acerca siquiera a lo
intensamente personal
y no te desvaneces de pena
ni llevas tu mano a la boca

sigue siendo accesible
manejable y enredadizo
la forma en que te dirijo por la puerta lateral
para que puedas ver como es

no es un accidente de coche
o un lío sangriento
no es un perro perdido
o un sueño aplazado

es un reporte presidencial
un poco menos estéril
es otra cara encantadora
en una victima sin rostro
un nombre más

'cause when they call it an offense
I'm wounded twice over
Officer, I wasn't offended
I was raped

and these are the words
that press pause on our fixing
I won't need to compel you
we all know what awful is

we won't talk about policy
or campus police
a quarter of us will share a knowing look
the rest will take a deep breath

we won't pick up the phone
to call our state senator
or write a manifesto
at least not right away

first we'll just see how
one hand's betrayed another
everyone the wounding
and everyone the hurt

how we steal from ourselves
cast apart our belonging
nowhere to turn over new leaves
but right here

now is the part
where you don't say you're sorry
or share your own story
of violence and hate

para otro acto sin nombre
porque cuando le llaman "una ofensa"
me están hiriendo dos veces
Oficial, no me ofendieron
Yo fui violada

y esas son las palabras
que atrasan nuestra mejora
yo no necesito imponer
todos sabemos lo que es horrible

no hablaremos de normas
o policías en el campus
un cuarto de nosotras compartiremos
una mirada de complicidad
el resto respirará hondo

no cogeremos el teléfono
para llamar a nuestro senador estatal
o escribiremos un manifiesto
al menos no de inmediato

primero veremos como
una mano ha traicionado a la otra
todos los que lastiman
y todos los lastimados

como nos robamos a nosotros mismos
nos deshacemos de nuestras pertenencias
no hay lugar para empezar de nuevo
pero el aquí justamente

ahora es la parte
donde no dices que lo lamentas

you'll just sit with me, being
until the poem can be written
that starts with one word
spoken in peace

and when you call your sister
at dusk tomorrow evening
you'll ask how she is
and both ears will be open

o compartes tu propia historia
de violencia y odio
solo te sientas conmigo, existiendo
hasta que se pueda escribir el poema
que comienza con una palabra
dicha en paz

y cuando llames a tu hermana
durante el crepúsculo mañana por la tarde
le preguntarás cómo está ella
y escucharas con suma atención

                        (Traducido por Daisy Novoa Vásquez)

Glory

Every day the morning glories open
every day people will tell you
it might not happen
it can't be counted upon
but there they are
morning after morning
opening their faces to yours

Gloria

Todos los días se abren las glorias mañaneras
todos los días la gente te dirá
que no podría suceder
que no se puede contar con eso
pero ahí están
mañana tras mañana
abriendo sus rostros al tuyo

                        (Traducido por Daisy Novoa Vásquez)

Before Dawn

There is a quaking of something
about to be born from your heart
a trembling of the earth
as you sit quietly and see

don't rush now
don't dig
like a pot that wants to boil
like a bud that slowly opens
hold the fragile
hold the waiting
hold the fear

hold the almost born
cradle it with enough space
so it can one day grow
into a formidable oak

make a bowl of your hands
as big as the earth
and rest quietly in the center
in this moment
before dawn

Antes del amanecer

Hay un temblor de algo
a punto de nacer de tu corazón
un tremor de la tierra
mientras te sientas callado y observas

no corras ahora
no caves
como una olla que quiere hervir
como un capullo que lento brota
mantén lo frágil
mantén la espera
refrena el miedo

mantén al casi nacido
mécelo con bastante espacio
así podrá un día crecer
convertirse en un formidable roble

haz una cuenca con tus manos
tan grande como la tierra
y descansa calladamente en el centro
en este momento
antes del amanecer

(Traducido por Carlos Velásquez Torres)

The Art of Witnessing
(An Homage to Naomi Shihab Nye)

When they ask, are you alone?
say no

When they offer to walk you home
or keep you company 'til your friend arrives
remember how their place-holding is filled
loose, flat chitchat about the Red Sox and
selling their boat
delight at wondering
if you know this other person from Nebraska

If they say you shouldn't travel alone
just nod

It's not that they're right
they just can't see yet
how the sand on the beach
needs no more witnessing than yours
the sun on your face
needs no hand holding

When someone worries
at your silent observing
just tell them you're hard at work on a poem
don't reveal your revelry of solitude

Tell them your date just went to get cigarettes
and they'll let you be to bask in the parade
that's laid at your own two perfect feet

El arte de testificar
(Un homenaje a Naomi Shihab Nye)

Cuando ellos te preguntan, ¿estás sola?
di no

Cuando se ofrezcan para acompañarte a casa
o hacerte compañía hasta que llegue tu amigo
recuerda cómo se llena su tiempo de espera -
con charla simple y llana sobre las Medias Rojas y
sobre vender sus botes
se deleitarán preguntándote
si conoces a otra persona de Nebraska

Si dicen que no deberías viajar sola
solo asiente

No es que tengan razón
simplemente no pueden ver todavía
como la arena en la playa
no necesita más testigos que tú
no necesitas de otros
para disfrutar del sol en tu rostro

Cuando alguien se preocupe
por tu observación silenciosa
solo diles que estás trabajando arduamente en un poema
no reveles tu jolgorio de soledad

Diles que tu cita solo fue a buscar cigarrillos
y te dejaran marinar entre el gentío de las playas
dispuesto a tus perfectos pies

(Traducido por Daisy Novoa Vásquez)

How to Fight

A jubilant altercation
a street fight armed with laughter
a razor wit
a jaunty flaunty dance

attack with zerberts
snout furl, belly roll
take no prisoners, seize them all
like an amoeba of crazy joy
all join our army

beat thighs like drums
come dreamer, come crone
siphon up this gaseous magic
give us gallops, hops, meringues
shake your stuff

artistic artillery by the bushel
shimmy your war chest
shout, so there!
we will not be made the cynic
not in this lifetime

for as long as bodies move
and air is breathed
and tongues do wag
we will preach the sermon
of playtime everlasting!

Cómo luchar

Un altercado jubiloso
una pelea callejera armada de risa
un ingenio afilado
una garbosa y alegre danza

ataque con soplidos en la panza
feroces muecas, ondular de vientre
sin prisioneros, rodéenlos a todos
como una ameba de loca alegría
todos, únanse a nuestro ejército

golpeteen los muslos como tambores
ven soñador, ven vieja decrépita
beban de esta magia gaseosa
dennos galopes, brincos, merengues
sacudan su menaje

artillería artística por la fanega
sacuda su tesoro de guerra
¡grita! ¡así allá!
no nos haremos cínicos
jamás en esta vida

mientras se muevan nuestros cuerpos
y el aire se respire
y las lenguas se meneen
¡predicaremos el sermón
del juego interminable!

(Traducido por Carlos Velásquez Torres)

Show Us

show us ornery finicky uncomplacent
show us whiney protesting dramatic unwieldy

show us unforgiving
your feet glued to this spot
this detention
this study hall that houses no study at all

show us dripping with grandeur
and how this waiting is kiiiiiiii-i-i-i-i-ling you
OMG OMFG when will this waiting end

show us put-upon martyred wasting away
show us antsy and enough already

show us weighted down disbelief and barely
behaving
toeing the line of lawful

show us "why me?" and "Ugh" and "Lord, when
will it end?"
show us human and fallible and fed up

show us done being an angel and
ready to fart in church
filterless honesty and honestly uncorked

show us tactless and true and earnest and wanting
show us ravenous aching and hungry and tired

Muéstrenos

Muéstrenos desagradables melindrosos y no complacientes
muéstrenos quejumbrosos protestando rígidos dramáticos

muéstrenos imperdonables
los pies pegados a este lugar
esta detención
esta sala de estudio que no alberga ningún estudio

muéstrenos sudando con orgullo
y como esta espera le está ma-a-a-ta-a-a-ando
Dios Mío, Maldito ¿cuándo acabará esta espera?

muéstrenos abusados martirizados demacrados
muéstrenos ansiosos y pensando que esto ya es suficiente

muéstrenos descontentos incrédulos y apenas comportándonos
tentando nuestra suerte con la ley

muéstrenos diciendo "¿por qué yo?" y "agg"
y "señor, ¿cuándo terminará esto?"
muéstrenos humanos, falibles y hartos

muéstrenos cansados de pretender ser ángeles y
listos para echarnos un pedo en la iglesia
honestidad sin filtro y honestamente desacatados

show us disbelief and true believing
show us unwavering commitment for what should
already have been done

show us obnoxious reflections of too sweet
diplomacy
show us stinky and ruthless and proud aísnd wild
innermost ugly, exasperated and done

show us making a fuss, not whistling Dixie
show us not putting up with putting up anymore

muéstrenos sin tacto y verdaderos y fervorosos y deseosos
muéstrenos vorazmente adoloridos y hambrientos y cansados

muéstrenos la incredulidad y la verdadera creencia
muéstrenos el compromiso inquebrantable por lo que ya debería haberse hecho

muéstrenos reflexiones desagradables de diplomacia demasiado dulce
muéstrenos apestosos y despiadados y orgullosos y salvajes
lo más feo de adentro, exasperados y hartos

muéstrenos haciendo un escándalo, no fantaseando irracionalmente
muéstrenos sin soportar el poder soportar aún más

(Traducido por Daisy Novoa Vásquez)

Narrator

From the clear and distant margin
you narrate my stormy life
how cush your digs
and sick your voyeurism

you orient me center
no, just left of center
your favorite place
you call me something fancy
a singer, painter, drowning in panache

you draw my life so enviable
extravagance, adventure
immortal levels of fabulosity
what you think all others want

but the truth is I'm a mystic
and there's nothing to be done
the story's over before we've even started

no golden ring to chase
or perfect chorus line
tapping out some entertainment
to distract us

all around the truth you walk
and draw a flagrant scrim
to mask the beauty
of our simple quiet being

Narrador

Desde los claros y distantes márgenes
tú narras mi tormentosa vida
cuan tan livianas tus apreciaciones
y qué tan enfermos tus voyerismos

tú orientas mi centro
no, justo a la izquierda del centro
tu lugar favorito
tú me llamas por un nombre famoso
una cantante, pintora, ahogada en estilo

dibujas mi vida envidiablemente
extravagante, aventurera
niveles inmortales de elegancia
de lo que piensas otros desean

pero la verdad es que yo soy mística
y no hay nada más que hacer
la historia terminó antes de comenzar

no hay anillos dorados que perseguir
ni estrofas perfectas de coros
completando nuestro entrenamiento
para distraernos

alrededor de la verdad completa caminas
y dibujas una fragante cortina
enmascarando la belleza
de nuestras simples existencias silentes

(Traducido por Leonardo Nin)

What is Already Gone

Well, there was Papa
Christmas pageants
1st grade
Remy
the used CD store where the boutique now is
there was Mr. Miller's heart attack
my college
my childhood
and long gone is every party I've ever thrown

There was moving out of Everett
that hellacious job at BU
there was eighth grade show choir
and the fight about hanging the pictures

Gone is my last board meeting
and Ancient Rome
the Clinton administration
so, too, the Acura
the Honda
and my bigwheels bike

Good-bye Tigger
and Pete
and Dan
and unnamed goldfish
so many clothes
and so many earrings

Good-bye Raggedy Ann
and Crystal Barbie

Lo que ya se ha ido

Bueno, estaba el Abuelo
los desfiles de navidad
el 1er grado
Remy
la tienda de CD usados donde ahora hay una boutique
el ataque al corazón del Sr. Miller
mi universidad
mi infancia
y hace rato se han ido todas las fiestas que he dado

Estuvo la mudanza fuera de Everett
ese trabajo abrumador en la Universidad de Boston
hubo el espectáculo de coro de octavo grado
y la pelea por colocar las fotos

Se ha ido mi última reunión de la junta
y la antigua Roma
el gobierno de Clinton
así, también, el Acura
el Honda
y mi bicicleta de llantas grandes

Adios a Tigger
y a Pete
y a Dan
y a los carpines dorados sin nombre
tanta ropa
y tantos aretes

Adios a mi muñeca pelirroja de trapo
y a mi Barbie Crystal

high school musicals
and the Thanksgiving I cried for no reason

So long
mom's red hair
Grandpa Rudy's red hair
Grandpa Rudy

Good-bye trip to D.C.
trip to Chicago
the wedding
the shooting
the robbery
the rape

Every summer in P-town
every yoga class I've ever taken
first fights
first kisses
my fractured tailbone and the old front porch

Once upon a time there was my TV appearance
sibling rivalries
Paul's cancer
a chance to say I love you
and a chance to hear it, too

Good-bye breakfast from this morning
and the idea of going back
every shiny new manicure
has long since chipped away

a los musicales de secundaria
y al día de Acción de Gracias
cuando lloré sin motivo

Hasta la vista
al pelo rojo de mamá
al pelo rojo del Abuelo Rudy
al Abuelo Rudy

Adiós al viaje a Washington
Al viaje a Chicago
a la boda
al tiroteo
al robo
a la violación

Cada verano en P-town
todas las clases de yoga que he tomado
las primeras peleas
los primeros besos
mi coxis fracturado y el viejo porche delantero

Hubo una vez mi aparición en televisión
la rivalidad entre hermanos
el cáncer de Paul
una oportunidad de decir te amo
y también, la ocasión de escucharlo

Adiós al desayuno de esta mañana
y a la idea de volver
a cada nueva manicura brillante
que hace tiempo se ha descascarado

(Traducido por Daisy Novoa Vásquez)

Whole

I broke into a million parts
the vase I yearned to be
turned 'round to sweep myself all up
the space inside was me

Entera

En un millón de pedazos rompí
el jarrón que anhelaba ser
volteé para barrerme entera
el espacio interior yo era

(Traducido por Daisy Novoa Vásquez)

Shoulders

It's strange how I can't remember
us touching very much
you would slap me on the back
and call me "kiddo"
we'd always hug at the airport
and sometimes goodnight

I would mirror you as a child
stretching after dinner
our bellies full, reaching to the ceiling
with the satisfaction of a delicious meal
and a good day's work

but sometimes after dinner I would
come and rub your shoulders
because I knew how to work them
not like anyone else in our family
others were too gentle
no git-in-there and git-'er-done
but I would take to those knots
and rewind your day

I could trust those shoulders
and your sincere appreciation
because they were the same as mine
and you loved me in the same way
it was how I knew we came
from the same cloth
like your muscle memory was my own
bravely soldiering day in day out
taking the high road and building a life

Hombros

Es extraño que no pueda recordar
tocándonos a menudo
me darías una palmada en la espalda
y me llamarías "mijita"
no abrazaríamos siempre en el aeropuerto
y algunas veces al darnos las buenas noches

¿Te imitaría como una niña lo hace?
estirándonos después de cenar
nuestras panzas llenas, llegando al techo
con las satisfacción de una deliciosa comida
y un buen día de trabajo

pero, algunas veces, después de la cena,
vendría y sobaría tus hombros
porque yo sabía cómo tratarlos
como nadie más en la familia
los demás eran demasiado delicados
no una fricción aquí y una sobada allá y listo
yo sí agarraría esos nudos
y rebobinaría tu día

Yo podía confiar en esos hombros
y en tu sincera gratitud
porque eran como los míos
y tú me amabas de igual manera
así fue como supe que proveníamos
de la misma tela
como si tu memoria muscular fuera la misma mía
valiente tropa en día de licencia
tomando el camino a construir una vida

like so many father's daughters
I didn't know how to hold your hand
how to rest in your arms
and how to simply draw you near
we went about the work of bettering ourselves
and the world
moments of tender touch
were nervous and hurried

now aloft upon your shoulders I gather
more than just strong will
more than determination or wise planning
the cracks and softening of our ripe lives
are what I draw into my palms
a way of learning to receive
all tender love when I touch you

como muchas hijas de su padre
no sabía como tomarte de la mano
como descansar en tus brazos
o simplemente como acercarte a mí
hicimos el trabajo de mejorarnos
a nosotros mismos y al mundo
los momentos de un tierno toque
fueron nerviosos y apurados

ahora en lo alto de tus hombros reúno
más que solo la fuerte voluntad
más que la determinación o la planeación brillante
las grietas y el ablandamiento de nuestras vidas maduras
son lo que dibujo en mis palmas
una manera de aprender a recibir
todo el tierno amor cuando te toco

(Traducido por Carlos Velásquez Torres)

ODE TO THE BUS DRIVER

What endless patience
untiring endurance
it must take to watch me
plunk plunk plunking in
my change
the same route every day
twenty, forty times over
you mark the turns
until at last we sigh in
at the station

how many mouths do you feed
and how many must you hear
complain with dissatisfaction
a dumping ground for impatience
you are the family dog
we kick after bad days
at the office

but every once in a while
I catch you gabbing it up
with an old biddy
heavy with groceries
she hobbles in
deflates
into the slight bucket seat
makes light of the weather
you smile and soften
shake your head at the traffic

Oda al conductor del autobús

Que infinita paciencia
y resistencia incansable
debe tomar verme
meter, meter y meter
mi cambio
la misma ruta todos los días
veinte, cuarenta veces más
señalas los giros
hasta que por fin suspiramos
al llegar a la estación

cuántas bocas alimentas
y cuántos más debes escuchar
quejarse con insatisfacción
un vertedero de impaciencia
tú eres el perro
que pateamos después de días malos de oficina

pero de vez en cuando
te descubro chismeando
con una viejecita
cargada de comestibles
ella cojea
se desliza
sobre el ligero asiento rectangular
trivialmente habla del clima
tú sonríes y te suavizas
sacudes la cabeza ante el tráfico

Sermons of the Real / Sermones de lo real

what absolution you hold
the power of forgiveness
moving crosstown at a
glacial pace
suffering punks and pushers
and passengers a nickel short
you wave me in and say
get ya next time

que absolución tienes
el poder del perdón
moviéndote a través de la ciudad
a paso glacial
aguantando punks y empujones
y pasajeros cortos de centavos
me haces un gesto y dices
la próxima va por mi cuenta

(Traducido por Daisy Novoa Vásquez)

Dear Abby

Dear Abby,

I noticed recently that my husband comes home all hours of the night. I'm not sure if he's been doing this for years and years or if it just started this week. Somehow, in the middle of my bridge game with Margaret and the girls, I looked up and realized Frank wasn't around. And actually, now that I come to think about it, I really haven't seen him since the funeral after that car accident we were both in. And oddest of all, he hasn't been eating any of the pineapple in the fruit baskets that arrived at the house. And I know he loves pineapple, that's why I didn't eat it and saved it for him. What should I do?

Dear Abby,

I just wanted to write and thank you for all your advice over the last forty years. You have saved my marriage, my job, healed the rift between me and my sister, and helped me create the most loving, respectful relationship with my drug-addicted stepson. How do you do it? Your sage wisdom combined with hints from Heloise has kept my soul and my carpets clean for nearly two-thirds of my life. Things are so simple and clear now, and I read your column daily as if it were scripture. Sometimes I simply can't believe what a mess other people's lives are, and I wish they would just read

Querida Abby,

Querida Abby,

Noté recientemente que mi esposo llega a casa a
todas las horas de la noche. No estoy segura de si ha
estado haciendo esto durante años y años, o si acaba
de comenzar esta semana. De cualquier manera,
en medio de mi juego de bridge con Margaret y las
chicas, miré y me di cuenta de que Frank no estaba
cerca. Y en realidad, ahora que lo pienso, realmente
no lo he visto desde el funeral después del accidente
de auto en el que estuvimos. Y lo más extraño de
todo, es que no ha comido nada de la piña en la
canasta de frutas que llegó a la casa. Y sé que le
encanta la piña, por eso no la comí y la guardé para
él. ¿Qué debo hacer?

Querida Abby,

Solo quería escribirte y agradecerte por todos
tus consejos durante los últimos cuarenta años.
Tú salvaste mi matrimonio, mi trabajo, sanaste la
ruptura entre mi hermana y yo, y me ayudaste a
crear una relación más amorosa y respetuosa con
mi hijastro adicto a las drogas. ¿Cómo lo haces?
Tu sensata sabiduría combinada con sugerencias
de Heloise ha mantenido mi alma y mis alfombras
limpias durante casi dos tercios de mi vida.
Las cosas son tan simples y claras ahora, y leo
tu columna diariamente como si fuera un texto

your column to get straightened out, but as you say, "to each their own," and "it takes all types," so I'm trying to mind my own boundaries and beeswax, but isn't there anything I can do to save the rest of the world?

Dear Abby,

Lately I've just been feeling a bit weary. I wake up and drag my feet down the stairs. I drink coffee, but it doesn't perk me up. I go to work downtown for my job which I've hated for the past ten years, and it never really did give me any kind of "oomph," and there's really no food trucks left I haven't tried in our part of town. It seems I'm always drinking with the same people, and my mom calls every Sunday, but the news she sends over the telephone wire hasn't improved. I looked down at my hands recently as I was putting my payment in the mail for my life insurance policy, and it almost seemed like they were fading from my body. I noticed the same thing about my feet when I was in the John the other day. I'm worried that even more of me is going to start disappearing, but I'm not sure that what I started with is even what I want to get back. What should I do?

sagrado. A veces, simplemente no puedo creer el desastre que es la vida de otras personas, y me gustaría que solo leyeran tu columna para aclarar sus cosas, pero como tú dices, "cada uno a lo suyo", "se necesitan todos los tipos", así que estoy tratando de tener cuidado con mis propios límites e inmiscuirme en mis propios asuntos, ¿pero no hay nada más que pueda hacer para salvar al resto del mundo?

Querida Abby,

Últimamente me he estado sintiendo un poco cansada. Me levanto y arrastro mis pies por las escaleras. Tomo café, pero no me anima. Voy al centro a mi trabajo, el cual he odiado durante los últimos diez años, y realmente nunca me ha dado ningún tipo de «entusiasmo», y realmente no quedan camiones de comida que no haya probado en esa parte de la ciudad. Parece que siempre salgo a tomar con las mismas personas, y mi madre llama todos los domingos, pero las noticias que envía por cable telefónico no han mejorado. Miré mis manos recientemente mientras enviaba mi pago por correo a mi póliza de seguro de vida, y casi parecía que se estaban desvaneciendo de mi cuerpo. Noté lo mismo con mis pies cuando estaba en el baño el otro día. Me preocupa que aún más de mí comience a desaparecer, pero incluso no estoy segura de como empecé es a lo que quiero regresar. ¿Qué debo hacer?

Dear Abby,

Who do you write to when you need help? Where do you file away the questions that are just too much, too deep, too complex, too murky to fit in one-and-a-half columns in the *Daily Gazette*? How thick is the stack of problems you can't handle? When the house is on fire and the hydrants are all frozen, do you throw your hands up and walk away? How do you help when there's no help to be had?

Querida Abby,

¿A quién le escribes cuando necesitas ayuda?
¿Dónde archivas las preguntas que son excesivas,
demasiado profundas, demasiado complejas,
demasiado oscuras para encajar en una columna y
media en la Gaceta Diaria? ¿Qué tan gruesa es la pila
de problemas que no puedes manejar? ¿Cuando la
casa está en llamas y los hidrantes están congelados,
botas todo y te vas dándote por vencida? ¿Cómo
ayudas cuando no se puede tener ayuda?

(Traducido por Daisy Novoa Vásquez)

You Cannot Whip Tenderness

you cannot whip tenderness
into a horse
the best you can hope for
is docile resignation

true surrender
pliability and give
these things are earned

when you show
in fair weather and poor
that you will hold the sovereignty
of another's being
a soul, no matter how beaten,
may return to airy delight

it only requires unrelenting patience
space enough for madness
for rage and regret
old lives are mourned
before new ones begin

how grave to ask a singing heart
for silence
to bury it up in shame
and devil's speak
narrow passageways to voice
collapse with the slightest wind

deep stones of sorrow embed in bones
small pebbles find their way

No puedes azotar ternura

no puedes azotar ternura
en un caballo
lo mejor que puedes esperar
es dócil resignación

la verdadera rendición
la mansedumbre y la entrega
son cosas que se ganan

cuando demuestres
en tiempos buenos y malos
que mantendrás la soberanía
de otro ser
un alma, no importa cuán golpeada,
podría volver a un gozo despreocupado

solo requiere de paciencia implacable
de espacio suficiente para la locura
de rabia y arrepentimiento
viejas vidas son lloradas
antes de que comiencen vidas nuevas

que grave pedirle a un corazón lleno de música
que guarde silencio
enterrarlo en la vergüenza
y en el lenguaje del diablo
estrechos pasajes para expresarse
colapsan con el menor de los vientos

piedras profundas de dolor incrustadas en mis huesos
guijarros pequeños encuentran su camino

through spine and ribs
each one could take a lifetime to dissolve
wearing away with the current
diligent heart pumping patient care

a través de la columna vertebral y las costillas
cada uno podría tomar una vida entera para
disolverse
desgastándose con la corriente
un corazón diligente bombea cuidado paciente

(Traducido por Daisy Novoa Vásquez)

A Poem for the In Between

In ten years I won't remember your name
but tonight I am your Zooey

strong, tight boy, too earnest and so kind
consume and cup my face
admire the blush you bring

don't pop the balloon of my supposed naivety
my grin as unshakeable and as true
as my hunger for you

I swim in your flattery
your sweet nonsense
of all that you think I am

Un poema para el intermedio

En diez años no recordaré tu nombre
pero esta noche soy tu Zooey

chico fuerte, ceñido, demasiado formal y amable
consúmeme y toma con ambas manos mi cara
admira el rubor que traes a mi rostro

no destruyas la burbuja de mi supuesta ingenuidad
mi sonrisa es tan inquebrantable como verdadera
como el hambre que siento por ti

me sumerjo en tu adulación
en los dulces disparates
de todo lo que piensas que soy

(Traducido por Daisy Novoa Vásquez)

The Work

When you are in love
truly in love with something
you freely allow passage worn by time

when you love something
you do not own it
so pure is the delight
you live on amazement of
its returning night and day

when you love something
deeply with all that you are
you see the divine wellspring of
light and joy
you know beyond the ages that it could cease
in the next second

when you love something
you dedicate your life to it
knowing that either of you
could end
just now

La labor

Cuando estás enamorado
realmente enamorado de algo
permites libremente el paso
causado por el tiempo

cuando amas algo
no lo posees
tan puro es el deleite
que vives en el asombro
de que regrese día y noche

cuando amas algo
profundamente con todo lo que eres
ves la fuente divina de
luz y alegría
sabes más allá de los años que podría cesar
en el siguiente segundo

cuando amas algo
le dedicas tu vida
sabiendo que cualquier de los dos
podría acabar
justo ahora

(Traducido por Daisy Novoa Vásquez)

Reach

I cartwheel and bend backward
and shout and smell lilacs
because there will come a time
when I cannot

watch the arriving
watch the leaving
one by one all the campers are picked up
the partygoers thin their herd
and return to the everyday

when I was young
and I mean up until this moment
I thought that trees lived forever
but they, too, are heaven bound

like us, they become infirm
age-ed and diseased
untethered to earthly form
their souls lessen the gripping of the ground

but what grace to be a tree
and to fall away without clinging
though nearer to death and the deathless every day

each moment is new, or perhaps
they breathe inevitable passage
so their branches need not resist
the reaching high and wide

Alcance

Doy una voltereta y me inclino hacia atrás
y grito y huelo lilas
porque llegará un momento
cuando no pueda

ver la llegada
ver la partida
una por una todas las casas rodantes son recogidas
los fiesteros diluyen sus multitudes
y regresan a lo cotidiano

cuando era joven
y me refiero hasta este momento
pensé que los arboles vivían para siempre
pero ellos, también, están destinados al cielo

como nosotros, se vuelven enfermizos
envejecidos y enclenques
sin ataduras a forma terrenal
sus almas menguan el agarrarse al suelo

pero que gracia ser un árbol
y caer sin aferrarse
aunque cada día más cercanos a la muerte y lo
inmortal

cada momento es nuevo, o tal vez
ellos respiran paso inevitable
por lo que sus ramas no necesitan resistir
el alcanzar lo alto y vasto

(Traducido por Daisy Novoa Vásquez)

Battle of Wounded Knee

Have you always been obedient
or did someone have to break you
did they turn up the flame
little by little
'til your world was a full tilt boil

who's hand was on the knob
when the heat started rising
what was the invocation
the dedication that they sold you

did it match a fractured mirror
of your sweet and longing soul
as you picked up speed
and threw up gravel
the road she narrowed at your knees
your bed sheets became ropes

to belong is strange addiction
for each one and precious being
glorious connection lifts us skyward
only glancing at each unique need

is it love or lovely communion
being seen or losing self
we fly higher with other's shoulders
than reaching from one's own shelf

you chant words with no meaning
the spirit of the drum
knits the notes into a fervor

Batalla de Wounded Knee

¿Has sido siempre obediente
o alguien ha tenido que dominarte?
¿encendieron la llama
poco a poco
hasta que tu mundo estaba a punto de bullir?

¿de quién eran las manos en la perilla
cuando el calor comenzó a elevarse?
¿cuál fue la invocación,
la dedicatoria que te fue vendida?

¿combinaba acaso la astilla de espejo roto
con un fragmento de tu nostálgica y dulce alma
mientras recogías velocidad
y lanzabas grava
la carretera se estrechaba a tus rodillas
en sogas tus sábanas se convertían

pertenecer es una adicción rara
para cada precioso ser
una gloriosa conexión nos eleva hacia el cielo
sólo echando una ojeada a cada necesidad individual

¿es amor o comunión amorosa
ser visto o perderse a sí mismo?
volamos más alto en los hombros de otro
que empinarnos desde nuestro propio anaquel

cantas palabras sin sentido
el espíritu del tambor
teje las notas con fervor

Sermons of the Real / Sermones de lo real

catch the bus by seven to take
the train by eight to be
at work by nine to work
through lunch 'til six then soccer
then kids then beer then another
then into the screen 'til you pass out
to start again
and again and again

to the corner office
to the big raise
to the golden watch that will never
replace your father
and what you needed

to the suburbs
to the backyard
to the islands around the world
to the question of your will
and where the things go
after you're gone

like a bird dropped into wilderness
with no star to show north
who was it you wanted to be
and the blink of an eye is ending
where did the you in us go
when you joined hands to search

Julie Ann Otis

alcanza el bus a las siete
toma el tren a las ocho
para estar en el trabajo a las nueve
para trabajar hasta el almuerzo
continúa hasta las seis
entonces sigue fútbol, luego los niños
luego la cerveza, entonces otra
y después en la pantalla hasta el desmayo
para empezar de nuevo
y otra vez y otra vez

a la oficina de la esquina
al gran aumento
al reloj dorado que nunca
reemplazará a tu padre
ni lo que necesitas

a los suburbios
al patio trasero
a las islas alrededor del mundo
a la cuestión de tu testamento
y a dónde irán las cosas
después de que hayas partido

como un ave echada a la espesura
sin una estrella que le muestre el norte
quién era quien querías ser
y en un parpadear todo se acaba
¿a dónde fue el tú en nosotros
cuando juntaste las manos para buscar?

(Traducido por Carlos Velásquez Torres)

Avocados

I know you're used to girls
who dab their chip delicately
in the guacamole
but I want to grab your avocados
by the fistful

Aguacates

Sé que estás acostumbrado a muchachas
que hunden delicadamente
sus nachos en el guacamole
pero yo quiero agarrar
tus aguacates a puñados

                    (Traducido por Daisy Novoa Vásquez)

Dandelions

there's lead in my belly
gunshots ring out the news
they came to blows
trying to stop the violence

the best defense
is a good offense
the killing is imminent
so start early

like a rash we solve by scratching
like weeding with a bulldozer
I remember when dandelions
were my favorite flower

Dientes de león

hay plomo en mi vientre
disparos fuertes y claros
resuenan en las noticias
hasta los golpes llegaron
tratando de detener la violencia

la mejor defensa
es una buena ofensa
la matanza es inminente
así que comienza temprano

como un sarpullido que remediamos rascando
como cuando quitamos mala hierba con una
excavadora
recuerdo cuando los dientes de león
eran mi flor favorita

(Traducido por Daisy Novoa Vásquez)

O.V.E.L.

Be careful when you dissect something you love
if you pull at the sinews
the tendons
the hard-won stitching
the chicken may turn to cutlets in your hands

the why of how you love it
may turn it inside out
become a prescription for a memory
and not the thing you love at all

somewhere a jury of your peers
is discussing with great vigor
the merits of what you
are working your whole life to give

but their castanets are not the dancing
and their whispering crickets
are not the sweet stuffing of sleep

O.V.E.L.

Ten mucho cuidado cuando diseques algo que amas
si tiras de los nervios
y tendones
el zurcido laborioso
el pollo podría convertirse en chuleta en tus manos

el por qué o el cómo lo amas
podría voltearlo al revés
convertirse en la receta para una memoria
y no lo que amas después de todo

en alguna parte un jurado de tus colegas
discute con gran vigor
los méritos de lo que has
preparado toda la vida para dar

pero sus castañuelas no son de dazas
y sus grillos silenciosos
no son el complemento dulce del sueño

(Traducido por Leonardo Nin)

In Grain

Tap even deeper
your grandmother in the kitchen
your grandfather harvesting grain
a full moon setting

gather in your mouth
the kittens that were drowned
to spare them a life
cut short by the fox

even deeper to your great-grandmother
buried in pale pink cotton
her knotty hands arrested
from kneading and field work

soft pockets of her sorrow
that held her first love
lost to war

reach much deeper
the day her parents sailed
from Czechoslovakia

they found plains without end
carved out a patch of living
coughing dust
as the raped land roiled in pain

before that
a revolution
the need to flee the land that birthed us

En grano

Abre un canal en ti aún más profundo
tu abuela en la cocina
tu abuelo cultivando el grano
la luna llena poniéndose

pon en tu boca
los gatitos que fueron ahogados
para salvarlos de una vida
quizá cercenada por el zorro

ve aún más profundo a tu bisabuela
enterrada en algodón rosa pálido
sus nudosas manos atrofiadas
por el tejido y el trabajo de campo

los suaves bolsillos de su pena
que guardaron su primer amor
perdido en la guerra

ve aún más profundo
al día en que sus padres embarcaron
en Checoslovaquia

encontraron interminables llanuras
se forjaron una manera de vivir
tosiendo polvo
mientras la violada tierra se agitaba de dolor

antes de eso
una revolución
la necesidad de huir de la tierra que nos parió

Sermons of the Real / Sermones de lo real

we look over their shoulders
remembering the old world
as it crumbled and soured

so unlike the sweetness
of this morning's milk and oats

Julie Ann Otis

miramos sobre sus hombros
recordando el viejo mundo
mientras se agriaba y desmoronaba

así, tan diferente a la dulzura
de la leche y la avena de esta mañana

(Traducido por Carlos Velásquez Torres)

Violets

Our fiery rosebush
oh so beautiful
but now so overgrown
threatens to ravage
through valley
along stream

up close
such a prized flower
but unchecked
it's perilous for sure

this courageous, determined growth
chokes out the tender underbrush
unhedged, it would strangle the
quiet violets of our
gentle knowing

unchecked force
tramples stillness
nothing is precious when
there's but one kind of flower

VIOLETAS

Nuestro rosal ardiente
¡oh! Qué hermoso
pero ahora tan descuidado
amenaza con hacer estragos
a través del valle
a lo largo del arroyo

de cerca
una preciada flor
mas desatendida
es un peligro en verdad

este crecimiento osado y decidido
ahoga la tierna maleza sin cobijo,
asfixiará a las calladas violetas
de nuestro amable saber

la fuerza desatendida
pisotea la calma
nada es valioso cuando
solo existe un tipo de flor

(Traducido por Carlos Velásquez Torres)

OH! AND ALL AT ONCE

oh! and all at once
I fall in love with myself
penniless and holy
a poor-palmed suitor
I would make
so no wooing
instead
belonging to myself instantly

so shabby and rich
my warp and weave
a plusher room
was never taken
how familiar
these lips are against my own
there is no better lover

I will fall deeper still
the world mirrors my
tender heart
grow soft and broad
as gentle dawn
each stroke of love
my own

¡Oh! y todo de una vez

¡Oh! y todo de una vez
me enamoro de mí misma
sagrada y sin un céntimo
humilde pretendiente sin ningún poder de compra
yo no galantearía demasiado
en cambio
me entregaría a mí misma en el instante

tan andrajosa y rica
mi urdimbre y tejido
una sala abullonada
que nunca tuve
qué familiar
estos labios posados contra mí misma
no hay mejor amante en verdad

caeré aún más profundo
el mundo imita
mi tierno corazón
crece suave y amplio
como un ligero amanecer
con cada toque de amor
el mío

(Traducido por Carlos Velásquez Torres)

Jamie

She looks like a Rachel
a Stephanie
not the bubblegum snapping name
her mother picked out

She's a think piece
a steady drizzle
her glasses aren't for emphasis
they're for her eyes

But still, every utility
becomes ornamentation on her
a pen that pauses, lifting in midthought
a fork that pushes noodles
draws lines down her lower lip
even her suitcase has submitted
to be her throne

Yes, she's a useful girl indeed
but she can't outrun her beauty
crossed legs and sewn up mouth
can't stem the tide
pleasure's hunting her 'round corners
she's not safe being square
someday the skin of this cherry will be pierced

And I want her to know it's all hers
the seed
the stem
the flesh

Jamie

Ella se parece a una Raquel
a una Estefanía
no al nombre chasqueante de chicle
que su madre escogió para ella

Ella es un enigma digno de análisis
una constante llovizna
sus lentes no están para resaltar rasgos
son para sus ojos

Pero aun así, todo lo que es útil
se convierte en decoración en ella
un bolígrafo se detiene, levantándose
a mitad de un pensamiento
un tenedor que empuja los fideos
dibuja líneas debajo de su labio inferior
incluso su maleta ha sucumbido
a ser su trono

Sí, en efecto es una chica muy útil
pero ella no puede escapar su belleza
las piernas cruzadas y la boca sellada
no pueden contener esa marea
el placer de cazarla por las esquinas
ella no está a salvo siendo convencional
algún día la piel de esta cereza será perforada

Y quiero que sepa que es todo suyo
la semilla
el tallo
la carne

and all the delicious tasting on its way

y toda la deliciosa degustación que viene en camino

(Traducido por Daisy Novoa Vásquez)

Just Wait

Just wait
keep your toes dangling
teasing off the edge of
the board

the water will wait until
you are ready
the view up here is quite fine
everyone's breath held just for you

will she or won't she
plunge and dive
drink in their waiting with relish

once you're under
you won't hear their applause
the moment will be spent
refreshed and complete

so take one more breath
it's heaven up here
one sip more
then get yourself soaked

Solo espera

Solo espera
mantén tus dedos pendiendo
burlándose del borde
de la tabla

el agua esperará hasta
que tú estés lista
la vista aquí arriba es bastante buena
todos mantienen la respiración solo por ti

será o no será que ella
se sumerge y bucea
disfruta con gusto su espera

una vez que estés debajo
no oirás sus aplausos
el momento pasará
renovado y completo

así que toma una bocanada más
aquí arriba es el cielo
un sorbo más
entonces empápate

(Traducido por Daisy Novoa Vásquez)

Lyralen

A whole lifetime to
become the priestess she is now
but still the body feels
for solid ground
something true to plant a toe upon

she is honest and tender power
never soiled
with invincibility
the sway of her hip
the kick of her leg
always dancing with her demons

moving through crumbling terrain
she leans upon
the staff inside her
reigning over shrinking nations as they
wither, dissolve, rebirth, reform

her hand resting gently on the cradle
humming, humming
the deathless song of the world

Lyralen

Toda una vida para
convertirse en la sacerdotisa que es ahora
pero aún así el cuerpo tantea
en busca de tierra sólida
algo real para plantar un dedo del pie

ella es honesta, un poder tierno
nunca manchada
con invencibilidad van
el vaivén de su cadera
el puntapié de su pierna
enfrentando está siempre a sus demonios

moviéndose a través de un terreno desmoronado
ella se apoya
en el báculo dentro de ella
reinando sobre naciones
que se encogen a medida que
se marchitan, disuelven, renacen, reforman

su mano descansa tiernamente sobre la cuna
tarareando, tarareando
la canción inmortal del mundo

(Traducido por Daisy Novoa Vásquez)

Tidal

Here you are
holding on to the railing
far from port on the ship's bowsprit
praying you won't go overboard
on the starboard side
praying you won't crumple and faint

feeling the thrust of the waves
each more ferocious than the last
tossing your stomach
drying your mouth
the wind moving through and
back and down
it's all you can do to brace against yourself
to be the vessel for the storm to move

there is no choice about a storm
there's no finding the end in the middle
there's no wondering why it came
when the saltwater's up to your eyes
there's just you, and you, and you, and the storm

but if you can find some solid copper
a piece of earth in your pocket
if you can find your feet beneath you and
the breathing moving through
then you'll have a realness
some light by which to pass

A LA MAREA

Aquí estás
aferrándote a la baranda
lejos del puerto en el bauprés del barco
rezando para no irte por la borda
por el lado de estribor
rezando para no desmoronarte y desmayarte

sintiendo como te empujan las olas
cada una más feroz que la otra
sacudiendo tu estomago
secándote la boca
el viento pasa
va moviéndose hacia atrás y abajo
todo lo que puedes hacer es agarrarte
contra ti misma
ser el navío por donde avanza la tormenta

no hay opción con una tormenta
no hay como encontrar el fin en el medio
no hay que preguntarse por qué llego
cuando el agua salada está hasta tus ojos
sólo estás tú y tú, y tú, y la tormenta.

pero si puedes encontrar
un poco de cobre sólido
un pedazo de tierra en tu bolsillo
si puedes hallar tus pies debajo de ti y
una respiración que avanza
entonces tendrás algo real
alguna luz por la que pasar

you'll know the storm to be weathered
the scope of consumation
the size of the waves making such a shipwreck
epic and tragic and black

but being tidal, it will be true
both to its nature and to you
and life is sailing
sun and rain
shore to shore

tú sabrás que la tormenta debe ser resistida
la posibilidad de la consumación
el tamaño de las olas haciendo un naufragio
épico y trágico y negro

pero siendo marea, será veraz
tanto a su naturaleza como a ti
y la vida es navegar
sol y lluvia
orilla a orilla

(Traducido por Daisy Novoa Vásquez)

Skilled

We are so skilled at
harvesting the wheat
collecting the eggs
churning the butter

but who knows how to wait
for dough to rise

when we are seized
we know how to thrash
like a dog who
will not yield her prize

but who knows how to give slack
to lessen the grip

the one who knows how
who lets the sun ascend
time after time her desire
falls right into her lap

Hábil

Somos tan hábiles en
cosechar el trigo
recoger los huevos
batir la mantequilla

pero quien sabe como esperar
a que la masa leude

cuando estamos atrapados
sabemos como atacar
cual perro que
no cederá su premio

pero quien sabe dar rienda suelta
para disminuir la empuñadura

aquella que sabe como
que deja que el sol ascienda
una y otra vez su deseo
cae justo en su regazo

(Traducido por Daisy Novoa Vásquez)

Fuck Firsts

Fuck first impressions
first pages
first loves
first tracks on mixtapes
first memories

renounce first crushes and
first thought best thought
on second thought
I love to change my mind

while we're at it
no more most or best
first place's got no weight with me

the second batch of cookies
the fourth time I fucked you
that's where the sweetest "mmm-hmm" lies

fuck hole-in-ones and
the golden child

I'd like to shake hands
with the bronze metal winner and
hear her story instead

Que se joda lo primero

Que se jodan las primeras impresiones
primeras páginas
primeros amores
primeras pistas de mezcla
primeros recuerdos

renuncia a las primeras infatuaciones
a los primeros y mejores pensamientos
pensándolo dos veces
me encanta cambiar de opinión

mientras estamos en esto
no más "el más" ni "el mejor"
el primer lugar no tiene peso conmigo

la segunda porción de galletas
la cuarta vez que te follé
ahí es donde se encuentra el más dulce "mmm-
mmm"

que se joda el hoyo en uno
y el chico de oro

me gustaría en cambio estrechar la mano
de la ganadora de la medalla de bronce
escuchar su historia

(Traducido por Daisy Novoa Vásquez)

Drone

Drone: noun

1. a faint, almost inaudible buzzing, esp. on a clear, sunny blue-skied, optimistic day when you are dreaming of what you will cook for your family as you walk home.

2. the condition of absolutely, positively not wanting to feel personally responsible for unjustifyably murdering innocent people.
   See also, "if I don't know how much sugar is in this it won't give me diabetes." *See also*, "ostrich." *See also*, "this sausage is delicious. Who cares how they make it?"

3. the compulsive silent chorus of more important things to think about. *See also* "wealth."
   See also, "oil."
   See also, "speeding up to get to the red light faster."

4.   For the sake of democracy
          For the sake of freedom
          For the sake of the homeland
          For the sake of our land not theirs
          For the sake of ours not theirs
          ours ours ours ours
          ours ours
          For the sake of God
          For the sake of peace
          For the sake of precious life

Drone

Drone: sustantivo

1. un zumbido débil, casi inaudible, esp. en un día despejado, soleado, de cielo azul y optimista, cuando sueña con lo que cocinarás para tu familia mientras camina hacia tu casa.

2. la condición absoluta y positiva de no querer sentirte personalmente responsable por el asesinato injustificable de personas inocentes. *Ver también*, "si no sé cuánto azúcar contiene, no me dará diabetes". *Ver también*, "avestruz". *Ver también*, "esta salchicha es deliciosa. ¿A quién le importa cómo la hacen?"

3. el coro silencioso compulsivo de cosas más importantes para pensar. Ver también "riqueza". *Ver también* "aceite".
Ver también "acelerar para llegar a la luz roja más rápido".

4.   Por el bien de la democracia
       Por el bien de la libertad
       Por el bien de la patria
       Por el bien de nuestra tierra, no de ellos
       Por el nuestro, no el de ellos
       nuestra la nuestra nuestra
       nuestro nuestro
       Por el amor de Dios
       Por el bien de la paz
       Por el bien de la preciosa vida

> For the sake of the eleven year-old, bringing
> flour home to bake our daily bread, on earth as
> it might be in heaven.

Four: the number of deaths by drone strikes publicly admitted by the White House.

5. The ringing in your ears from the ambulance.

6. The faint thought as you play Bejeweled on
   your phone that there was someone you were
   supposed to call before you were distracted
   by the hour you spent reviewing the two-star
   restaurant you ate at last night that definitely
   didn't live up to the hype of the article in the
   magazine they paid to review them as part of a
   cross promotion that ran in place of the article
   that got bumped on reported civilian casualties in
   a country that you never learned about in school.

1-800-733-2728: the number of Johnsonville Customer Service. If you want to know how the sausage is made.

202-224-3121: the number of the US Capitol Switchboard for your State Senator. If you want to know how the sausage is made.

Between 2,347 – 3,796: the number of people reported dead by drone strike since 2004.

10 percent: the tipping point within a population when minority belief is destined to become majority opinion, spreading like fire, prescribed by lightning, clearing out old growth pines and allowing for

Por el bien de los once años, trayendo harina a casa para cocer nuestro pan de cada día, en la tierra como en el cielo.
Cuatro: el número de muertes por ataques con drones admitidos públicamente por la Casa Blanca.

5. El zumbido en tus oídos de la ambulancia.

6. La débil idea mientras juegas Bejeweled en tu teléfono es que había alguien a quien se suponía que deberías llamar antes de que te distraigas por la hora que pasaste revisando el restaurante de dos estrellas que comiste anoche que definitivamente no estuvo a la altura del exageración del artículo en la revista que pagaron para revisarlos como parte de una promoción cruzada que se realizó en lugar del artículo que se topó con víctimas civiles reportadas en un país del que nunca aprendió en la escuela.

1-800-733-2728: el número de Atención al cliente de Johnsonville. Si quieres saber cómo se hace la salchicha.

202-224-3121: el número del panel de control del Capitolio de EE. UU. Para su senador estatal. Si quieres saber cómo se hace la salchicha.

Entre 2.347 y 3.796: número de personas muertas por ataque con drones desde 2004.

10 por ciento: el punto de inflexión dentro de una población cuando la creencia minoritaria está

regeneration to come, so long as those in the
minority, the true believers, hold an unshakeable
idea as unequivocally true, self-evident.
See also, "all are created equal."

Origin: America.
The chord, as of a full-bellied bagpipe that signals
transition between dreaming and waking.
See also

>harbinger of dawn
>antonym of complacency
>integrity manifested through simple action
>See. Also,
>many notes in harmony
>unshakeable
>now

destinada a convertirse en opinión mayoritaria,
propagarse como el fuego, prescrito por un rayo,
limpiar los pinos viejos y permitir la regeneración,
siempre y cuando sean minoría, los verdaderos
creyentes, mantenga una idea inquebrantable como
inequívocamente verdadera, evidente por sí misma.
Ver también, "todos los son creados iguales".

Origen: América.
El acorde, como de una gaita de vientre completo
que señala la transición entre soñar y despertar.
Ver también
>heraldo del amanecer
>antónimo de complacencia
>Integridad manifestada a través de una
>acción simple
>Ver. También,
>muchas notas en armonía
>inquebrantable
>ahora

(Traducido por Jonathan Bennett)

Even the Best of Us

Was there a day
Gandhi flew into road rage
as a car cut him off
for the millionth time

Was there a morning
Jesus felt immeasurably lonesome
beyond all others
in an orbit no one could enter

Was there a moment
even Mary Oliver despaired,
her accomplished volumes
witnessing silently on the shelves,
tossing poem upon poem into the fire
crying, "not enough!" "not enough!"

Hasta los mejores de nosotros

Hubo un día en que
Gandhi experimentó la rabia de las carreteras
cuando un coche lo cortó
por millonésima vez

Hubo una mañana en la que
Jesús se sintió enormemente solitario
más allá que todos los demás
en una órbita a la que nadie podía entrar

Hubo un momento en el que
incluso Mary Oliver se desesperó,
sus bien logrados volúmenes
presenciando en silencio desde los estantes,
como ella tiraba poema tras poema al fuego
llorando, "¡no es suficiente!" "¡no es suficiente!"

(Traducido por Daisy Novoa Vásquez)

Fleeting

I believe
that a lover's cooking tastes best in bed

that I would rather run on the fumes of compassion
than a wallet thick with dirty money

that the dancing of light through leaves
is just as indebted to shadow as to sun

that the freedom of you when you were six
the magic of that sparkly wand you held
is still in your back pocket for plucking

that all sorrows are tinged with silver
the warm hand on your shoulder of
the friend who knew your father

that loneliness can be a sign of hope
like willows bending to show you
the winds of change

that grieving is a privilege for those
with futures to unfold
and should be cradled like a babe
who will soon grow and run on

Fugaz

Yo creo
que la cocina de un amante
sabe mejor en la cama

que prefiero sobrevivir con compasión
que con una billetera llena de dinero sucio

que el baile de la luz a través de las hojas
le debe tanto a la sombra como al sol

que la libertad en ti cuando tenías seis años
la magia de esa varita brillante que sostenías
todavía están en tu bolsillo trasero para sacarlas

que todas las penas están iluminadas con un rayo de luz
la mano tibia en tu hombro
es del amigo que conoció a tu padre

que la soledad puede ser un signo de esperanza
como sauces inclinándose para mostrarte
vientos de cambio

que el duelo es un privilegio para aquellos
con futuros por desenvolverse
y como un bebé debe ser arrullado
pues crecerá y avanzará pronto

(Traducido por Daisy Novoa Vásquez)

You're Only Half Here Today

You're only half here today
and when your other half returns
you might berate him for being a rascal

He got in such trouble
had such terrible fun
found waterfalls and worms and magic spells
how dare he do all that without you

while you were here
drudging around in the muck
worrying for him and
wishing him home
he found treasures and caverns
ugly, glorious things
his knees became dirt-stained
he grew horns and wings

just remember when he's back
from the dreaming and rich thrills
he set out to fly enough for the both of you
you weren't quite ready
missed the bus
it's no biggie
swing wide the screen door with love

empty his pockets now that he's home
full of meaning and luck and strange creatures
dust the dandelion pollen
from his delicate nose
kiss his fingertips and bless their wild roving

Estás solo a medias hoy aquí

Estás solo a medias hoy aquí
y cuando tu otra mitad regrese
podrías regañarlo por ser un bribón

Se metió en tantos problemas
se divirtió muchísimo
encontró cascadas y gusanos y hechizos mágicos
¿cómo se atreve a hacer todo eso sin ti?

mientras estabas aquí
esclavizado alrededor del fango
preocupado por él y
deseándolo en casa
él encontró tesoros y cavernas
cosas feas y gloriosas
sus rodillas se ensuciaron
creció cuernos y alas

solo recuerda que cuando él esté de vuelta
de sueños y suntuosas emociones
que él se dispuso a volar lo suficientemente lejos
por los dos
tú no estabas del todo listo
y perdiste la oportunidad
no es gran cosa
empuja con fuerza y cariño la puerta exterior

vacía sus bolsillos ahora que está en casa
lleno de memorias y suerte y criaturas extrañas
desempolva el polen de diente de león
de su delicada nariz

for the souvenirs are all yours
he won't cling to a one
he's already gone on his next grand adventure
some days you'll join him
some days you won't
but you'll always embrace at homecoming

besa la punta de sus dedos y bendice sus alocadas andanzas
porque esos recuerdos son todos tuyos
él no se aferrará a ninguno
ya se ha ido en su próxima gran aventura
algunos días te unirás a él
otros días no
pero siempre se abrazarán en el regreso a casa

(Traducido por Daisy Novoa Vásquez)

Benediction

There will be an inner calm
that carpets the house of your heart

a lush cool place to rest your cheek
and dream of what it is like
to walk upon the ceiling

a softness that accompanies
the clattering in the kitchen
the roughhousing in the rec room
the cementing battles out of doors

a tranquility as cool
as the other side of the pillow

Bendición

Habrá una calma interior
que alfombrará la casa de tu corazón

un lugar exuberante y fresco para descansar
tu mejilla
y soñar en como es
caminar sobre el techo

una suavidad que acompaña
el traqueteo en la cocina
la agitación en la sala de recreación
la consolidación de batallas puertas afuera

una tranquilidad tan fresca
como el otro lado de la almohada

(Traducido por Daisy Novoa Vásquez)

Thank you to my family, given and chosen, for your support in writing this book. There are more of you than I can name, but if you came into my life while I was making the leap, in mid-air, or landing in print, thank you for being part of this journey.

Thank you to Sara, my gypsy soul sister, whose humor and fierce justice ignites my own. Thank you to Sharon Bauer, Susan Koenig, Paula Plum, and Carol Stolp for your spiritual midwifery and fairy godmothering. Thanks to Donna, Ranee, Bridget, Ariel, Catherine, Nate, JT, Chinwendu, Rose, Heather, Keith, Jeremy, Max, Monica, Mandy, Phui Yi, Sara "Fireball" Lyons, the Waffle House crew, the Chapple-Sokol family, the American Therapy team, my women's writing groups, and so many other friends for savoring the richness of my poems and elevating their worth for me. And thanks to all you die-hard poetry lovers who convinced me to own my identity as a poet.

Thank you to Ronn Smith. You are one of the most exceptional human beings ever put on this planet, and I am so lucky for the kalyāna-mittatā we share. Thank you for offering your invaluable advice as one of my Board of Advisors alongside the indomitable Erika Gustafson, the easy breezy Maura Cunningham, the ever-encouraging Dave Shadrick, the heart-radiant Cat Tweedie Ball, and the rock star Marlo Pedroso. You all guided me in making art my business, as did Sue Merritt, Anne Dunning, David Dower, Jim Grace, Barbara Grossman, and Rachel Borgatti.

Thank you to everyone who provided the inspiration and wide open spaces that let these poems flow out

Gracias a mi familia, la natural y la escogida, por su respaldo en la escritura de este libro. Son tantos que no puedo nombrarlos a todos pero si llegaste a mi vida cuando estaba dando el salto, en la mitad del aire o cuando aterrizaba en la página impresa, gracias por ser parte de esta jornada.

Gracias Sara, mi alma gemela gitana cuyo humor y justicia feroz me incitan. Gracias a Sharon Bauer, Susan Koenig, Paula Plum y Carol Stolp por ser mis parteras espirituales y hadas madrinas. Gracias a Donna, Ranee, Bridget, Ariel, Catherine, Nate, JT, Chinwendu, Rose, Heather, Keith, Jeremy, Max, Monica, Mandy, Phui Yi, Sara "Fireball" Lyons el grupo de Waffle House, la familia de Chapple-Sokol, el equipo de American Therapy, mis grupos de mujeres escritoras y tantas otras amistades que saborearon la riqueza de mis poemas elevando su valor por mí. Y gracias a todos los amantes empedernidos de la poesía que me convencieron de asumir mi propia identidad como poeta.

Gracias Ronn Smith. Eres uno de los seres más excepcionales que han existido en este planeta, soy afortunada por la kalyāna-mittatā que compartimos. Gracias por darme consejos invaluables como parte de mi junta de asesores con la indomable Erika Gustafson, la calmada Maura Cunningham, la optimista Dave Shadrick y la radiante Cat Tweedie Ball, y la Estrella de rock Marlo Pedroso. Todos me han guiado en mi negocio del arte así como Sue Merritt, Anne Dunning, David Dower, Jim Grace, Barbara Grossman, y Rachel Borgatti.

of my fingers: my teachers, dharmarists, kinksters and spiritual communities, including IMS, CIMC, Barre Center for Buddhist Studies, Spirit Rock, and Dell'Arte International. Special thanks to my communities in contemplative dance, Jin Shin Jyutsu, and Focusing therapies. Thanks to Avital Peleg and Puppet Showplace Theater, Alex Weinstein and Martha's Vineyard Institute for Creative Writing, Justen Ahren and the Noepe Center, and Ed Dadey at the Art Farm. Thank you to my gratitude buddies, sufficiency buddies, Jen Cohen and Gina LaRoche, and my Seven Stones community who stand with and for me in the radical context of ease and abundance.

Thanks to KB Mello for your thoughtful and generous editing. Thanks to Carlos for your friendship and for believing that poetry is worth publishing. Thank you to Daisy Novoa Vasquez who opened countless doors for me in the poetry community. Thank you to everyone who has invited me to perform my poetry in their homes, theaters, festivals, radio stations, and shops, including Elizabeth Solar, Chris Wisdo, Judith Rausch, Grolier Poetry Bookshop, Chobee Hoy, Survivor Theatre Project, poemstogo, Danielle Georges, the ICA Boston, Liars and Believers, the City of Boston, Cantab Lounge, Soul Lit, Internal Matter, Oberon, Yves Dehnel at WMBR, Maria Garcia and Greg Cook at WBUR, La Guagua Poetry Festival, La Festival International de Poesia Los Confines in Honduras, and El Festival de San Cristóbal in Mexico. Thank you to my countless artistic collaborators who have brought my poetry to life in new dimensions, and thank you to all the organizations and individuals who have funded and supported my work including my Patreon and

Gracias a todos los que me inspiraron y me dieron los espacios para que estos poemas fluyeran: mis profesores, , dharmarists, kinksters y comunidades espirituales, incluyendo IMS, CIMC, Barre Center for Buddhist Studies, Spirit Rock, y Dell'Arte International. Especial agradecimiento a Jin Shin Jyutsu y Focusing *therapies*. Gracias a Avital Peleg and Puppet Showplace Theater, Alex Weinstein y Martha's Vineyard Institute for Creative Writing, Justen Ahren y el Noepe Center, y a Ed Dadey en Art Farm. Gracias a mis compañeros de gratitud Jen Cohen and Gina LaRoche y a la comunidad Seven Stones que me acompañan en el contexto radical de tranquilidad y abundacia.

Gracias a KB Mello por las ediciones cuidadosas. A Carlos por creer que vale la pena publicar poesía. A Daisy Novoa Vásquez que me abrió tantas puertas en la comunidad de poetas. Gracias a todos los que me han invitado a presentar mis poemas en sus casas, teatros, festivales, estaciones de radio y talleres incluyendo a Elizabeth Solar, Chris Wisdo, Judith Rausch, Grolier Poetry Bookshop, Chobee Hoy, Survivor Theatre Project, poemstogo, Danielle Georges, ICA Boston, Liars and Believers, City of Boston, Cantab Lounge, Soul Lit, Internal Matter, Oberon, Yves Dehnel at WMBR, María García and Greg Cook at WBUR, La Guagua Poetry Festival, Festival International de Poesía Los Confines en Honduras, y el Festival de San Cristóbal en México. Gracias a las comunidades artísticas que han dado vida a mis poemas en otras dimensiones y quienes me han respaldado incluyendo los que me apadrinaron en Patreon e Indiegogo, Massachusetts Cultural Council, Somerville Arts

Indiegogo supporters, the Massachusetts Cultural Council, Somerville Arts Council, Opus Affair, The Boston Foundation, and the Barr Foundation.

Thank you to Andrew for your love and friendship and for telling me I'm hot shit. Thanks to Remy for catalyzing my transformation back into an artist. Thanks to Mark for letting me go.

Thanks to everyone I've fallen in love with, for a minute or for a year, as a lover or a friend. You are deliciously inspiring, and many of these poems were born out of love for you. Thanks to the spaces that birthed these poems, especially The Beehive, Diesel Café, Bloc 11, True Grounds, The Alchemy Bar, and the House of Ireland. And thank you to everyone who gave me a ride or let me crash on their couch as I traveled to places near and far in 2014.

Thank you to Richie Pace, Steve Conahan, The Bridge Sound and Stage, and everyone who supported the live recording of *Sermons of the Real*. Thanks to Paul, Paul, Jim, Walt, and Jackie at SpeakEasy Stage Company for supporting me during the biggest existential crisis and the boldest possible leap of my life. Thanks to all the coaching and consulting clients who employed me so I could let the poetry flow, especially Jamil Simon at Spectrum Media for our work together in peacebuilding, Brian and Nancy at IFFBoston, and the Creative Entrepreneurial Fellows at The Arts & Business Council of Greater Boston.

Thank you to Nora Rose. I want to be just like you when I grow up.

Council, Opus Affair, The Boston Foundation, y la fundación Barr.

Gracias Andrew por tu amor y amistad y por decirme que soy ardiente. Gracias a Remy por catalizar mi transformación como artista. Gracias a Mark por dejarme ir.

A todas las personas que he amado, por un minuto o por un año, como amante o amiga. Son deliciosamente inspiradores y muchos de estos poemas nacieron de ese amor. Gracias a los espacios donde nacieron estos poemas, en especial The Beehive, Diesel Café, Bloc 11, True Grounds, The Alchemy Bar, y la House of Ireland. Y gracias a todos los que me dieron un aventón o me dejaron dormir en su sofa mientras viajaba en 2014.

Gracias Richie Pace, Steve Conahan, The Bridge Sound and Stage, y a todos los que me ayudaron a grabar los *Sermones de lo real*. Gracias a Paul, Paul, Jim, Walt, y Jackie en SpeakEasy Stage Company por respaldarme durante mi mayor crisis existencial y el salto más grande y atrevido en mi vida. Gracias todos los clientes de coaching y consultoría que me dieron trabajo para que pudiera dejar la poesía fluir en especial a Jamil Simon en Spectrum Media por nuestro trabajo juntos cosntruyendo paz, Brian y Nancy en IFFBoston, y a los Creative Entrepreneurial Fellows en The Arts & Business Council de Boston.

Gracias Nora Rose. Cuando crezca, quiero llegar a ser como tú.

Gracias Sally por todos los poemas que llegarán en

Thank you to Sally for all the poems that are yet to come from our shared journey together. Thank you to my grandparents and ancestors who continue to guide me. Thank you to my future love. And thank you most of all to my parents for your incredible, unconditional love, your faith in my path, and your pride in my work. You hold the lamp for me in the darkness and ride the crests of celebration with me always. You are simply the best parents I could ever have hoped for.

nuestra jornada compartida. Gracias a mis abuelos y ancestros que me siguen guiando. Gracias a mi futuro amor. Y gracias por encima de todo a mis padres por su amor increíble, incondicional, su fe en mi camino y su orgullo por mi trabajo. Ustedes me sostienen la lámpara en la oscuridad y siempre celebran conmigo cada logro. Ustedes son simplemente los mejores padres que podría haber deseado.

(Traducido por Carlos Aguasaco)

www.ingramcontent.com/pod-product-compliance
Lightning Source LLC
Chambersburg PA
CBHW020802160426
43192CB00006B/406